EL ABRIGO NARANJA

Sergio Espada Martín

www.facebook.com/UnLadoOscuroDeLaLuna

@SespadaM   #ElAbrigoNaranja

Diseño y portada:
Javier Fassi

Fotografía de portada:
David López Lucero

PRIMERA PARTE:

EL ABRIGO NARANJA

EL ABRIGO NARANJA

Las enfermeras de voces y batas blancas dicen que ya no hay nada que temer. Lo dicen muy seguras y con una sonrisa de vendedor de seguros. Como si eso las hiciese más creíbles. Y conmigo funciona porque, y no sé muy bien cuál es el motivo, tengo la certeza de que, efectivamente, no hay porque tener miedo. Sin embargo luego añaden cosas como *"todo va a ir bien"* o *"aquí es donde mejor puede estar"*. En eso no lograría convencerme ni el mismísimo Papá Noel. Por mucho que sonriera.

Las enfermeras de voces y batas blancas dicen que ya no hay nada que temer y sonríen y hablan muy despacio y muy suave y es en este punto cuando empiezo a sospechar que este sitio no es, para nada, un hospital al uso, aunque tampoco se me ocurre que otro tipo de hospital puede ser.

El hombre de la bata blanca es alto y guapo. Y elegante. Parece más un actor famoso haciendo de doctor que un doctor de verdad. Su voz no es blanca pero dice *"progresa muy rápido, amigo"*. Al principio, cuando desperté y vino a verme por primera vez, ignoraba cuál era la especialidad de este impecable *médico-actor*. Podría haber sido un charcutero con bata o un físico nuclear y yo habría andado igual de perdido. Como tampoco me dolía nada no había forma humana de saber que era lo que tenía que mejorar. Podrían haber sido mis pies o mi cerebro o incluso mi pulmón derecho. Lo que en ningún momento me quedó claro es porque el *médico-actor* se empeñaba en llamarme *amigo*.

"Soy neurólogo" dijo muy afectado y muy serio. Creo que a él le daba más miedo su profesión del que eran capaces de sentir sus pacientes, lo que teniendo en cuenta la naturaleza de uno y de otros no deja de ser completamente lógico.

"Me parece muy bien, ¿cuál es mi problema, doctor?". Quedaban descartados los pies y cualquiera de mis pulmones pero, al parecer, íbamos a hablar largo y tendido sobre mi cerebro.

Según contó yo era un caso extraordinario de inhibición del recuerdo. *"Todos los seres humanos borramos de nuestra mente, de forma inconsciente, ciertos hechos, ya sean actos propios o sucesos ajenos que nos desagradan o que, simplemente, nos resultan imposibles para poder seguir arrastrando el enorme peso de nuestras propias vidas. Se borran del consciente pero quedan almacenados en el subconsciente, algo así como el trastero de la mente. Nunca se sabe para que nos pueden hacer falta. Como una manta, un ventilador o los juguetes de cuando éramos niños. ¿Entiende? Todo está ahí. Aunque no debe sentirse amenazado porque, casi siempre, eso se queda ahí. Lo extraordinario de su caso, amigo, es que ha eliminado no sólo alguno de esos recuerdos imposibles. También se ha deshecho de todo lo que sucedió en cierto período de tiempo. Usando un símil bélico, diríamos que ha lanzado una bomba atómica sobre su memoria. Ha terminado la guerra arrasando con los soldados pero también con las mujeres, con los cuarteles pero también con los colegios, con las fábricas de armas y desde luego con las de yogures. Aparentemente no queda nada de lo que había. Pero, por mucho que se empeñe, mi joven amigo, eso está ahí, tiene usted unas preciosas ruinas en su cabeza".*

Casi hubiese preferido tener una lesión en el pulmón, porque después de hablar con él estaba aún más extraviado, no tenía ni idea de que estaba hablando este buen hombre. Aunque no creía tener ningún motivo para dudar de lo que contaba, por mucho que me sonase a chino. Por mucho que me pareciese una película que nunca había visto.

Ella ha venido a verme. Al principio ignoraba quién era Ella. En realidad, lo que ignoraba era su nombre. A Ella la recuerdo bastante bien, lo que en mi estado no deja de ser una tarea homérica. Tampoco es que recuerde algo en concreto. Simplemente siento su presencia en muchos de mis *recuerdos previos*, como llama el *médico-actor* a todo lo que conservo de antes del Gran Apagón.

Sonreía, me acariciaba el pelo y la cara y hasta me ha dado un dulce beso en la frente. También ha llorado un poco, al principio, cuando no lograba recordarla. De hecho lo que no recordaba era su nombre, así que he fingido no reconocerla en absoluto. Por alguna estúpida razón me parecía más digno no recordar nada que haber olvidado únicamente su nombre.

Cuando ha empezado a llorar he dicho algo que ha parado el llanto en seco. Como un muro de hormigón es capaz de frenar a los coches más veloces. Algo definitivo y a la vez brutal. No recuerdo exactamente el qué, pero sí que he mencionado algo acerca de unas servilletas de papel llenas de recuerdos y de promesas. Algo que ha traído a los dos un pequeño momento de euforia compartida por la complicidad de un recuerdo común. Algo que los dos sabíamos que estaba en la cabeza del otro. Ella ha sonreído, aunque aún le resbalaban algunas lágrimas por la mejilla y yo he pensado que era como ver salir el sol cuando aún no ha terminado la tormenta y también he pensado que su sonrisa sería una especie de arco iris dado la vuelta y me he sentido algo parecido a *Feliz* porque tengo la certeza de quererla mucho aunque no sea capaz de recordar el porqué y también porque no me gustan nada las chicas tristes, me dan miedo. Igual que las despedidas o quedarme dormido en sitios extraños. Me da miedo cerrar los ojos y saber que la gente sigue mirando. Creo que siempre soy el último de mi ala en abandonarme al sueño. Sólo lo hago cuando estoy seguro que nadie volverá hasta que haya salido el sol. No es nada parecido al miedo de un condenado que teme al amanecer. Es más el temor de un niño a los millones de monstruos que habitan la oscuridad de su habitación, y que según he podido comprobar en los últimos días, estos pequeños seres deformes de las pesadillas infantiles son definitivamente mucho menos terribles que los que ahora me acechan cada vez que la luz se apaga.

Cuando se iba, Ella me ha besado de nuevo, esta vez en la mejilla. Luego me ha dejado este cuaderno y me ha dicho que escriba lo que quiera en él. Por lo visto, yo antes escribía mucho y muy bien. Eso dijo. Me extraña no recordarlo. El *médico-actor* los llama *Efectos colaterales*. A él le hace mucha gracia. Empiezo a pensar que el *médico-actor* es también una especie de humorista francés o algo así porque no entiendo ninguna de sus bromas y cuando me habla en serio me parece que lo está haciendo directamente en otro idioma.

·   ·   ·   ·   ·

Hoy he recordado algo. Importante, según el *médico-actor*. Incluso según Ella. Era un abrigo naranja. No he sido capaz de recordar más. Por lo menos, no al principio. *"¿Quién va dentro del abrigo?"*, ha preguntado el *médico-actor*. No tenía ni idea. No se lo he dicho así pero me he encogido de hombros dándoselo a entender. *"¿Pero hay alguien?". "Sí, una mujer. Bueno, puede ser una chica joven aunque no tengo forma de saberlo". "¿No recuerda quién es, su cara?". "Es que está de espaldas. Yo sólo miro el abrigo mientras ella se va. Estamos en una plaza enorme, es de noche y hay un montón de gente corriendo y despidiéndose. También recuerdo el frío. Y el miedo". "¿El miedo a qué o a quién?". "No lo sé. No creo que sea a nada concreto. Es simplemente una extraña sensación de angustia en el pecho. Puede que sea miedo a que lo único auténtico de toda esta historia, sean esas despedidas, que sea el único momento verdaderamente real". "¿Miedo a perderla? A la chica del abrigo, me refiero". "Puede ser pero ya le digo que es únicamente un enorme peso sobre mi pecho. Algo incómodo y realmente triste".* El *médico-actor* prestaba mucha atención y por primera vez en todo este tiempo me ha parecido un verdadero médico y no una especie de Cary Grant con bata blanca. Ella, por su parte, nos miraba alternativamente. Primero a mí y luego al doctor. Él ha apuntado algo en su bloc y luego me ha hecho otro montón de preguntas pero yo no sabía que decirle porque no soy capaz de recordar absolutamente nada más. Por lo menos no algo que parezca tener sentido. El frío, los besos, muchas luces de coches y gente volviendo a sus casas con una triste resignación y una firme esperanza que siento como mías. Supongo que soy uno de ellos. De los resignados y también de los esperanzados. Esperanzados me parece una palabra horrible. Suena a mentira.

Después de contarle todo esto, le he preguntado al médico cuánto tiempo se ha borrado de mi memoria, cual ha sido el alcance de mi bombardeo. Ha contestado que es imposible precisarlo sin saber realmente cual es mi último recuerdo. Le he dicho que tenía la sensación de que el abrigo naranja y la *chica-mujer* que iba dentro eran algo muy próximo, que si hubiese sido un puñetazo seguro que aún tendría el ojo morado. Entonces ella y el *médico-actor* se han mirado con cierto nerviosismo y es cuando he estado completamente seguro de que los dos saben quién es la *chica-mujer* del abrigo y también he pensado que la *chica-mujer* del abrigo naranja puede que tenga que ver algo con el hecho de que yo esté en esta casa blanca, vacía y neutral como un quirófano. Un lugar en el que es imposible encontrar un resquicio del pasado. Un lugar que sólo pertenece al presente de los médicos y las enfermeras y al futuro, a buen seguro mejor, de los pacientes.

Me han vuelto a preguntar por el abrigo naranja. Se agarraban a él con más esperanzas de las que pone un náufrago en un trozo de madera en mitad del océano. Cuando se iba a marchar, les he preguntado que si ellos sabían quién era la chica del abrigo. *"Si usted no lo sabe, no habrá forma de saber quién se ha quedado con su firme esperanza y con su triste resignación"*. Por alguna extraña razón me ha parecido que mentían. Los dos. Y por eso mismo, me ha parecido que todo esto era un juego de lo más absurdo.

. . . . .

Han conseguido el abrigo. O por lo menos uno muy parecido. Supongo que debe ser el auténtico porque es idéntico al de mis recuerdos y eso, ellos no podían saberlo.

No sé si ha sido Ella, el *médico-actor* o las enfermeras de voces blancas pero el caso es que esta tarde aparecieron todos aquí con el abrigo, como un extraño club de fans o una atípica tribu africana venerando a un pequeño ídolo. Me he sentido un poco ridículo y también un poco agobiado así que me han dejado solo con Ella. *"¿De quién es el abrigo?"*. Se ha encogido de hombros y me lo ha dado. Es lo único que me gustaría saber y parece ser que es lo único que nadie está dispuesto a decirme. Quién se lo ponía. Yo soy incapaz de recordar su rostro o su nombre, sólo siento una desagradable sensación de angustia cada vez que me viene a la cabeza. Como cuando siendo niño paseas con tus padres y accidentalmente te sueltas la mano y los pierdes de vista. Como cuando los padres ignoran a que se agarran sus hijos cuando sueltan su mano. El abrigo venía asociado a un olor que también recuerdo. Era el olor de alguien. Un perfume. Cuando he insistido en si Ella sabía de quién eran el abrigo y el perfume me ha besado otra vez. Los besos de algunas chicas distraen a los hombres y a los niños por igual.

El *médico-actor* y Ella han venido a verme. El *médico-actor* hablaba y ella asentía todo el rato con una sonrisa estúpida, como de despedida. Una risa incómoda en cualquier caso. Parecían un comité de bienvenida de un pueblo pequeño o de una república bananera. Algo demasiado artificial. Como un mal mago al que se le descubriesen los trucos en plena actuación. Luego Ella me ha cogido la mano y me ha vuelto a besar en la frente. El doctor, mientras, me ha explicado de forma muy gráfica lo que pretendía hacer conmigo. *"Imagínese que al cerrar un armario rompe el picaporte de modo que no haya forma humana de abrirlo. De la misma forma, imagínese que al cerrar ha dejado fuera el pico de una prenda colgada en el interior del armario. En este caso sería un pico naranja, ¿verdad? Pues pretendemos abrir el armario tirando del pico que usted ha dejado fuera. Es bastante sencillo, ¿no cree?"*. De eso no cabe duda, no parecía muy complicado. Luego ha dicho *"¿Preparado?"*. Y aunque no tenía muy claro para que me preparaba, he dicho que sí porque me parecía que eso, a Ella, le hacía extrañamente feliz. Antes de dormirme, me han dicho que lo recordaría todo y que, de hecho, ya estaba preparado para hacerlo. No sé qué es lo que quieren que recuerde. *"¿Sabré de quién era el abrigo?"*. *"Sí"*, han contestado a la vez, como si todo estuviese preparado de antemano, como si leyesen las líneas de un guión. Luego me he dormido muy despacio, como el sueño ingenuo de un niño recién nacido. Con la misma Fe en el despertar.

.   .   .   .   .

Ya no tengo miedo porque ya no tengo nada. Andrea. El abrigo naranja era suyo. Igual que el olor. Ahora lo recuerdo todo pero no estoy nada seguro de que eso sea bueno. El frío, los besos, las luces de los coches, la gente resignada y la gente esperanzada también lo recuerdo. Bueno, antes también lo recordaba pero ya no me parece el trozo de una película que no he visto. Ahora es parte de mí, como antes. Antes de todo eso, de los besos y el frío y de las luces de los coches, yo me sentía bastante solo. Luego, cuando apareció ella, me sentí bastante feliz. Después, cuando se fue, me sentí aún peor que al principio, cuando no había nada. Más tarde, al final de todo, vino la locura. Algo imposible de recordar y sin embargo, algo imposible de dejar atrás.

El cuaderno rojo. Recuerdo *El cuaderno rojo*. Ella lo ha buscado. Lo tiene. Aquí acaba mi recuperación. No puedo caminar más deprisa. A partir de ahora todo depende de mí, ha dicho el *médico-actor*. Esta vez no me ha llamado amigo. Pero ahora si sé que es lo que depende de mí. Camino despacio pero camino. Gracias.

Fragmentos de EL CUADERNO ROJO

Lo que se narra a continuación son extractos de El cuaderno rojo. El autor ha considerado adecuado hacer público únicamente una parte de lo que está escrito en ese cuaderno, aquello que pueda arrojar más luz sobre los hechos en que se centra esta historia; aunque, como todo el mundo sabe, es en la luz donde surge la penumbra pues en mitad de la oscuridad nada resulta sombrío.

No sé por dónde empezar. Miedo. El miedo lo domina todo esta noche. Tengo todas las cosas que conservo de Andrea desparramadas por mi cama. Mañana, por fin, volveremos a reunirnos. Sin embargo, tengo la misma fe en el reencuentro que un condenado en la presión popular. Ni una llamada, ni un contacto en siete meses. Pensé que estaría en Londres, donde siempre quiso ir. Pero no, está en Madrid, donde siempre estuvo. Y vive sola, donde yo la empujé, al menos eso me ha insinuado su hermana esta noche. *"Vive sola, te hizo caso"*, me ha dicho en un tono que escondía una leve sombra de reproche, como si yo la hubiese apartado de algo. *"¿Por qué no me ha llamado?"*. Su hermana no ha sabido que responderme. Sin embargo luego me ha dado su dirección después de que yo insistiese como dos millones de veces. *"No quiere ver a nadie del pasado. No quiere que ningún error le persiga más tiempo"*. Al despedirnos, nos hemos dado un abrazo. No me había dado cuenta pero la hermana de Andrea abraza igual que ella. El hecho de que llevase una cazadora que se ponía Andrea a menudo, unido a que todo, el fortuito encuentro y la torpe despedida, hayan tenido lugar en Cibeles, me ha devuelto de forma muy dolorosa y violenta un recuerdo adormecido. Y es que por un instante he tenido la sensación de estar abrazado realmente a Andrea. Por un instante he creído abrazar a un muerto.

Es curioso porque cuando pienso en Andrea, en el tiempo que compartimos, una de las primeras cosas que recuerdo es su abrigo. Un estupendo abrigo naranja. La recuerdo preciosa con ese abrigo. Preciosa y a la vez extraña, como un amanecer a miles de kilómetros de tu casa. Como el primer día en un país extranjero. También recuerdo Cibeles. Cibeles de noche. Los besos, el frío, los coches. La gente volviendo a casa, separándose por la estúpida grandeza de una ciudad tan enorme que se mete entre las parejas y entre los amigos para hacer recorrer a todos el desagradable camino de vuelta a casa pensando en cosas como un beso de buenas noches justo antes de dormirte o un abrazo nada más despertarte. Pensando en días definitivamente mejores.

Estos pueden ser nuestros días definitivamente mejores, mi querida Andrea. Porque puede que ya hayamos pagado la penitencia por pecados que nunca sabremos si llegamos a cometer. No puedo mentir, además, hacerlo aquí tendría el mismo sentido que pedir perdón a una farola: Tengo miedo. Eso creo que ya lo he dicho. El miedo a todo lo que desconozco. A lo que me encontraré y a lo que sucederá después. Al pasado y al futuro. Tener miedo al pasado es estúpido. Tenérselo al futuro me parece algo inevitable. ¿Estará sola? ¿Seguirá acostándose cada noche para recorrer el largo camino del olvido hasta poder abrazarse a mi absurda ausencia o tendrá quien le vuelva la cara hacia todo lo bueno que habrá de esperarle? Qué extraño es querer a alguien y que extraño es que alguien te quiera. Es algo que pertenece a ese pequeño grupo de sucesos extraordinarios que, sin embargo, todo el mundo toma por lógicos amparándose en una enorme ignorancia o en una desmedida prepotencia que no admite la idea de poder no ser queridos. Pero qué extraño es, aún más, que alguien que te quiere, deje de hacerlo de buenas a primeras. Qué extrañas son las madrugadas de un loco, las noches de un desesperado o las tardes de un viejo. Qué extrañas y que increíblemente parecidas. ¿Qué pasa con todo lo demás cuando quieres a alguien? ¿Y qué queda cuando ya no hay amor? Temo que la respuesta a las dos preguntas sea la misma. Que la respuesta pase por el vacío y la angustia absurda de lo inexplicable. Yo hoy tengo tanto miedo y tanto dolor que no puedo seguir escribiendo.

·   ·   ·   ·   ·

¿Qué locura es esta?

El reencuentro. Frío. Casi como una despedida. Un abismo entre ella y yo pero también un abismo entre ella *ahora* y ella *antes*. Nada tiene sentido. No un sentido lógico. ¿Por qué no puedo abrazarla o por qué ella no se inmuta cuando menciono el pasado? Está tan lejos de todo lo que la rodea y de todo lo que ha vivido… Parece que hubiese entrado en su propio cuerpo hace sólo unos días.

La indiferencia con que me asesinó ahora es indiferencia hacia todo. Nada de lo que le rodea consigue llegar a ella pero ella tampoco hace mucho por alcanzar algo, cualquier cosa de todo lo que tiene cerca. Soy yo, pero podría ser otro y ella seguiría durmiendo con la misma extraña expresión de haber llegado a algún sitio sin haber recorrido camino alguno. Con la misma estúpida seguridad de estar al final de un viaje que no ha empezado.

Yo, por mi parte, he tenido esta mañana un momento de demoledora a la vez que aterradora revelación en el que he comprendido que nunca volveremos a ser los mismos y que, seguramente, eso signifique que vamos a ser mucho peores de lo que fuimos. Y de repente he estado extraordinariamente predispuesto a abrazar todo el dolor que nos queda por pasar con la mayor fortaleza del mundo. Sin embargo, no puedo evitar estar triste por ello. Tengo miedo. Por ella. Pero también por mí. Voy a seguirla todo el tiempo que haga falta, eso sin duda. Y no sé dónde acabaremos. Pero tengo la certeza de que cuando termine, ya no seremos nada de lo que hemos sido.

.   .   .   .   .

Ella ha escrito esto en mi cuaderno: *"Nubes oscuras. Días extraños. Fuera llueve pero no importa porque nadie quiere estar fuera. Fuera hace mucho frío, lo sé porque los cristales se empañan con nuestro calor. Cielos grises y asfalto mojado para estos desapacibles días de borrasca. Ya no quiero volver. A ningún sitio. Fuera hace mucho frío. Fuera todo son amenazas y, aunque dentro no haya ninguna promesa, las amenazas también se quedan fuera. Como las gotas de lluvia o como los accidentes".*

Después de pedirme que lo leyese, dijo: *"Viviré donde pueda controlar lo que sucede a mi alrededor"* y a continuación se puso a tararear una extraña canción triste. Yo no tengo fuerzas para otra cosa que no sea perseguir su fantasma por toda la casa. Lo he intentado, puedo jurar que lo intenté. Pero se está tan bien dentro. Tan protegido...

.   .   .   .   .

Anoche me preguntó cómo éramos en los Grandes Días. No supe que responder. *"¿Mejores o peores?"* insistió ella. *"Distintos". "No creo que fuésemos más felices que ahora, ¿verdad?".* No supe que decirle. No quería derribar su pequeño muro de optimismo. No quería recurrir a la torpe sinceridad de nuestros primeros días. A mi absurda devoción por la Verdad. Nada que entonces nos garantizase menos dolor. Un convencimiento verdaderamente estúpido de que hay que buscar la sinceridad aún a costa del propio padecimiento.

Estuve pensando mucho tiempo en aquello, toda la noche. De hecho, cuando está mañana ha salido el sol, yo ya estaba mirando su apacible y lento surgir. Siempre me gustó estar despierto cuando amanece después de una noche de insomnio, es un extraño premio. Un gran consuelo. Estoy donde quería estar hace un año. Andrea y yo. Una casa para los dos. Una vida por delante. Sin embargo, ella deja los brazos caídos cuando la abrazo. Así que he dejado de hacerlo. Siento que abrazo a un muerto o a un muñeco de trapo y cualquiera de las dos sensaciones es desagradable como un pez vivo por dentro de la ropa.

Fuera ya no llueve. Sigue haciendo frío pero ya no llueve. Todos están lejos. He logrado alejarlos a todos. Ya nadie viene por aquí. Mañana podríamos morir y no se darían cuenta hasta que nos descompusiésemos y empezásemos a oler. Algo bastante desagradable y bastante irreal al mismo tiempo.

.　　　.　　　.　　　.　　　.

Hoy la he espiado en la ducha. Parecía un cadáver con mucho entusiasmo. Enjabonando su lacia piel sobre sus orgullosas costillas. Sus pechos pequeños y pidiendo clemencia. Su trasero feo. Su cuerpo vencido, definitivamente derrotado, consciente de que acabaron los Buenos Días y que ya sólo queda esperar lo Inevitable. Digno como un gran ejército vencido por factores ajenos a la batalla. A media mañana me ha pedido que le ayude a sacar los muebles de su habitación. *"Sólo el blanco absoluto me da la paz que necesito. Sólo necesito nada"*. No lo he entendido pero tampoco he preguntado nada porque he recordado cuanto le molestaba darme la más insignificante explicación. Así que ahora no quiero darle ningún motivo para que se aleje de mí.

Yo también estoy débil. Pero he hecho lo que he podido. He tardado todo el día pero al final todos los muebles estaban en el salón, amontonados, fuera de lugar, incómodos, como invitados en una fiesta de desconocidos. Cuando he entrado en la habitación, después de que se fuese el sol, ella estaba tumbada sobra el colchón, desnuda, en mitad de la habitación blanca. *"Mira que tranquilidad, que pocas posibilidades de que algo salga mal aquí dentro. Tan blanco, tan desnudo, tan sincero"*. He tenido que darle la razón. Me he tumbado junto a ella y he dicho *"Es verdad"*. Y las palabras han resonado en la habitación, como si hubiese alguien más a parte de nosotros, como el eco de un aviso.

.   .   .   .   .

¿Y ahora qué? Ya no habla, ya no dice nada. Está dormida. Dormida desde hace casi dos días. Eso es como estar un poco muerto. A lo mejor está un poco muerta. Pero sólo a lo mejor. Porque a lo mejor sólo tiene sueño o miedo de abrir los ojos o está cansada. Es posible. Casi seguro que esté muerta, aunque puede que no lo esté. Casi seguro. Ya no tengo cuaderno. Me quedan unas pocas líneas de la última hoja. Esto es como la confesión de un moribundo. Paredes blancas. Como la cara de un mimo. Como un cuaderno blanco. Yo no tengo cuaderno blanco pero a lo mejor, cuando despierte luego, empiezo a escribir en las paredes. Paredes que giran y cambian la puerta de lado para que no podamos salir. Qué tontas, no saben que no queremos salir y siguen esforzándose en ocultar la puerta blanca. Como si alguno de los dos tuviese el mínimo interés por algo que no esté ya dentro. Ella no quiere salir porque aquí está la paz que buscó años y yo no quiero salir porque ella es todo lo que he buscado durante esos mismos años. Creo que no hay más que explicar. Voces blancas, blancas como la bata de un médico. Mamá, quiero que sepas que ya no tengo miedo, ya no hace falta que me abraces porque, además ahora no podría abrazarte, estoy desnudo. Ahora estoy solo porque ella a lo mejor se ha muerto y a lo mejor yo estoy loco. Aunque a lo mejor ella sólo duerme y yo sólo necesito descansar, entonces no estaría solo y, por supuesto, tampoco loco. Eso es. Descansar, dormir. Sólo un rato. No hace falta que la vigile todo el tiempo porque ella no se va a mover de aquí. De eso estoy seguro. Hasta mañana, pequeña niña muerta. Hasta mañana encantadores muros blancos. Voy a dormir un poco, sólo un poco, ¿vale?

LOS AMANTES DE SANTIAGO

-Iré a buscarte.

-¿Estás loco? Ni se te ocurra, esto es el caos. No pasarás del aeropuerto.

-Me da igual, iré en tren, en coche desde Argentina... no pienso quedarme aquí sin hacer nada. Sin ti.

-Te llamaré, Pablo. Te lo prometo. Llamaré a mi abuela cada vez que pueda y ella te tendrá informado. Pero no se te ocurra aparecer por aquí, por favor. Ni siquiera podrás encontrarme.

-Eso ya lo veremos. Mañana sale mi avión. Ya he hecho la reserva.

-¡Pablo...! —el teléfono sólo le devolvió una absurda y monótona señal que de golpe zanjó toda discusión posible. Volvió a marcar pero nadie contestó. *¡Joder!* Protestó al tiempo que sentía unas enormes ganas de estrellar el aparato contra el otro extremo del salón.

·   ·   ·   ·   ·

Colgó el teléfono dejando a Andrea con la palabra en la boca y volvió a mirar el periódico, cerrado, sobre sus rodillas. Pasó los dedos por encima del titular repetidas veces, acariciándolo, como si una suerte de embrujo casual pudiese hacerlo desaparecer, o incluso cambiar la realidad misma. Pero cuando retiró la mano leyó exactamente lo mismo que había leído unos minutos antes: *Se asienta el Golpe de Estado en Chile.* Y justo debajo, en una fuente de letra unos diez cuerpos más pequeña se precisaba que en Santiago, Concepción y Valparaíso se había aprobado el *Toque de queda* a partir de las ocho de la noche.

"Mierda, mierda... ¡HIJOS DE PUTA!", exclamó arrojando el periódico contra el otro extremo del salón.

.   .   .   .   .

La azafata, una chica joven y risueña, le sonrió con coquetería después de devolverle el billete. *"Qué tenga buen viaje"* le deseó con un exceso de simpatía que a él se le antojo de todo punto inapropiada. *"Ella no tiene la culpa de nada de lo que te está pasando, así que procura no portarte como un completo gilipollas"* se recriminó a sí mismo un segundo después, mientras se dirigía a su asiento en el fondo del avión. Ni siquiera se había percatado de la forma en que aquella chica le había mirado al presentarse. Claro, que aunque lo hubiese hecho, lo último que se le hubiera ocurrido, dadas las circunstancias, hubiese sido ponerse a tontear con una azafata.

Los motores rugieron y el avión se dirigió lentamente hacia la pista de despegue. Pablo cerró entonces los ojos y trató de no pensar en nada.

.   .   .   .   .

Sacó el papel arrugado de su bolsillo, confirmó la dirección mirando nuevamente el número del portal y entró. Subió los dos pisos corriendo, sin esperar al ascensor, y llamó a la puerta insistentemente, con ansia, mientras recuperaba el resuello. La abuela de Andrea le abrió.
-Soy Pablo, el novio de... —no tuvo más tiempo de explicarse. La anciana le hizo pasar y luego le abrazó.
-Hijo, ¿qué haces aquí? Andrea me dijo que estabas en Madrid.
-Sí, bueno, estaba. ¿Está Andrea aquí?
-No. No ha venido desde antes del Golpe. Está en casa de Alfredo. ¿Conoces a Alfredo?
-Pues no, pero...
-Pues nada, te quedas a dormir hoy y mañana vas a buscarla. Ay, hijo, que alegría que hayas venido. Andrea no se lo va a creer. Tienes que sacarla de aquí ¿sabes?
Aquella noche apenas pudo conciliar el sueño y en su cabeza reprodujo mil reencuentros distintos, mil conversaciones diferentes, mil formas de convencerla de que se fuesen de allí, mil formas de dejarse convencer y una sola de no separarse jamás. Pero en esta última no quiso pensar mucho.

.   .   .   .   .

-Hola, soy Pablo. Vengo a ver a Andrea. ¿Está aquí?

-No. Andrea no está.

-Pero está viviendo aquí, ¿verdad?

-No. Ya no.

-¿Y sabes dónde está?

-No, ni idea. No dijo nada. Se fue hace días, sin avisar.

-Joder. Bueno, si viene, dile que he estado aquí, que me vaya a buscar a casa de su abuela.

-Vale pero ya te digo que no está. Y no creo que venga.

-Sí, vale, pero si la ves, díselo.

Pablo bajó apresuradamente las escaleras. Sin embargo, al salir del portal se detuvo en seco. No sabía qué hacer, adonde dirigirse. Tuvo la intuición de que el chico que le había abierto la puerta había mentido pero tampoco se le ocurrió como forzarle a reconocerlo y en cualquier caso no dejaba de ser más que una intuición más o menos consistente. De hecho había reconocido que Andrea había estado allí para luego añadir que se había marchado y esa información no entraba, para nada, en contradicción con la que la abuela de Andrea le había facilitado a Pablo. Confuso, decidió sentarse en un banco frente al portal, meditando cuales debían ser sus próximos pasos y, por otra parte y sin ser plenamente consciente de ello, esperando que sucediese algo verdaderamente extraordinario, por mucho que siempre hubiese sabido que las cosas extraordinarias, de llegar a suceder, suelen hacerlo justo cuando uno deja de esperarlas.

Un soldado le miró desde la azotea de un edificio próximo de una forma que él entendió como desafiante, incluso le dio la impresión de que hacía un leve gesto con el rifle de asalto como de ostentación, de intimidación. Pablo sintió miedo y pensó seriamente en marcharse corriendo de allí.

.   .   .   .   .

El amigo de Andrea había mentido a medias, o dicho de otra manera, sólo le había dicho parte de la verdad. Era cierto que Andrea no estaba en casa en ese momento. Pero era mentira que no estuviese viviendo allí. Así, diez minutos después de que Pablo se hubiese sentado a esperar, Andrea apareció doblando la esquina, pegada a la fachada, con dos bolsas de la compra, con la mirada ausente, perdida; con un aura de inocencia e ingenuidad rodeándola, envolviéndola por completo. Pablo sintió entonces un escalofrío y no fue capaz de decir nada, ni siquiera de mover un solo músculo durante unos eternos segundos. Andrea llevaba puesto su precioso abrigo naranja, ese con el que Pablo siempre la había encontrado extrañamente bonita, *como un amanecer a miles de kilómetros de casa. Como el primer día en un país extranjero.*

Corrió hacia ella. Apenas había dado dos zancadas cuando Andrea levantó la vista y le vio. Dejó las bolsas en el suelo de golpe, casi como si se le hubiesen caído, y se quedó quieta, paralizada, mirándole... y entonces empezó a llorar. A llorar como una niña. Luego corrió hacia él, que a su vez corría hacia ella, y se abrazaron y le besó, se besaron; le acarició y se acariciaron.

-Pero... pero... ¿te volviste loco?

-Te dije que vendría, te lo dije, ¿te creías que era un farol? No podía quedarme allí, Andrea, no podía quedarme y dejarte aquí, necesitaba saber que estabas bien. Necesitaba estar contigo.

Se quedaron unos segundos allí, encerrados en uno de esos abrazos que parece alejarte para siempre de todas las desgracias. Si por ellos hubiese sido, probablemente se habrían quedado así todo el tiempo necesario para olvidarse de los generales y de sus malditos tanques.

    .   .   .   .   .

...Es él. Lo he sabido esta mañana cuando le he visto, cuando le he encontrado a diez mil kilómetros del lugar donde nos conocimos. Es él. Lo sé esta madrugada, viéndole dormir a mi lado, después de haber hecho el amor durante horas. Rendido por una montaña tan enorme de sensaciones como las que a mí me mantienen despierta. Imposible no amarle. Imposible no sentirme tan plena que tenga ganas de derrotar a cualquier régimen yo sola, con mis propias manos. Sólo por él.

    .   .   .   .   .

-Vámonos.

-No, Pablo, no. No sé si lo puedes entender, pero no puedo irme, no me puedes pedir que abandone a mis amigos, a mi familia...

-No te estoy pidiendo eso. No te pido que huyas. Sólo que te pongas a salvo. Sólo quiero que nos vayamos. Somos demasiado jóvenes para vivir así, rodeados de tanto miedo que ya no somos capaces de sentir nada más. Ellos lo entenderán, no te juzgarán. Tú puedes salir y ellos no, es cruel pero es así y no puedes sentirte culpable por eso. Andrea, tu abuela me pidió que te sacara de aquí. Fue lo primero que me dijo cuando llegué a su casa: *llévatela de aquí*. Nadie te considerará una traidora, créeme.

-Pero, ¿no viste lo que está pasando? ¡No puedo hacerlo! Puede que no sea una traidora a sus ojos pero lo seré a los míos. Toda mi vida lo sentiré así.

-¡No! No puedes ser tan dura, tan... injusta contigo misma. Puede y debes irte. Vamos a alejarnos de todo esto, de toda la mierda. Vamos donde no haya tanques en las calles ni soldados en las azoteas, donde podamos pasear por la calle cogidos de la mano sin temor. No quiero tener miedo. No quiero que tengas miedo, sólo quiero que seamos felices, Andrea. Nos merecemos esa oportunidad –Andrea le miró sin decir nada –Sé que esto es lo más injusto que puedo hacer y a lo mejor algún día me arrepiento pero ahora mismo no me importa. Desde ya, me pongo en tus manos: Andrea, no me iré de aquí si no vienes conmigo.

Se abrazaron. Andrea lloraba, Pablo le acariciaba el pelo y trataba de consolarla y al mismo tiempo de convencerla, lo que no dejaba de ser un verdadero ejercicio de funambulismo emocional.

-No, Pablo, te quiero. Te quiero mucho. Todo. Renunciaría a todo menos a ti. No me obligues...

.   .   .   .   .

Imposible no seguirle. Totalmente imposible no creer que su estela es el camino a la felicidad más absoluta. Totalmente imposible no creer que estaré siempre a su lado.

.   .   .   .   .

La salida del país era difícil, los aeropuertos no estaban cerrados pero si extremadamente vigilados. El plan, por tanto, era pasar primero a Argentina por tierra y de allí coger un vuelo hacia Nueva York, su última parada.

Con la ayuda de los amigos de Andrea habían planeado todo meticulosamente, sin dejar ni un detalle al azar. Uno de ellos tenía la misión de sacarles de Santiago. Una vez fuera, les recogería un segundo contacto cuya tarea sería guiarles, a través de pequeñas carreteras locales, hasta un valle al sur del país, junto a los Andes. A partir de ahí ellos dos solos tendrían que arreglárselas para llegar a Buenos Aires. Una vez en Argentina, acudirían a la embajada española para casarse y así eliminar de la ecuación cualquier posible inconveniente que surgiese con el visado de Andrea. Entonces, con todos los papeles en regla, volarían a Estados Unidos, donde les esperaba un primo de Andrea. Y ese debía ser el comienzo del resto de la historia.

A las seis de la mañana se pusieron en pie. Querían aprovechar la oscuridad y calma de las primeras horas del día sin toque de queda. Miguel, el amigo de Andrea que el primer día había negado la presencia de la chica en la casa, era el encargado de conducirles hasta la persona que debía sacarles de la ciudad. Salieron acarreando sólo con una pequeña maleta que Andrea se había encargado de llenar, según sus propias palabras, *de lo más imprescindible para empezar de nuevo*. Pablo, por su parte, llevaba una mochila con algo de ropa y un poco de dinero únicamente. Los tres cruzaron un pequeño parque sin problemas y se pegaron a las fachadas al llegar a una calle más ancha. Miguel caminaba unas decenas de metros delante, tratando de no parecer tan sospechosos aunque ciertamente, cualquiera que los hubiese visto se habría dado cuenta, al instante, que todo lo que sucedía era de lo más extraño, y más habida cuenta de lo desierta que estaba la calle.

Cuando giraron al final de la calle y llegaron a una pequeña plaza, alguien les dio el *Alto* desde la azotea de un edificio de cuatro plantas. La voz atronó rebotando contra las paredes. La segunda vez que la escucharon iba acompañada de la muy amenazadora alternativa de abrir fuego si no se paraban de inmediato. Todos sabían que si los detenían, habrían perdido toda oportunidad de escapar ya que tanto Miguel como Andrea militaban en diferentes organizaciones de izquierdas y a esas alturas del *Levantamiento* estarían más que fichados. Y con ellos todos sus acompañantes.

-¡Corred, mierda, corred! –gritó Miguel, desesperado. Sólo tenían que llegar al contacto que estaba a unos pocos metros cientos de metros saliendo de la placita. Los tres echaron a correr.

Pablo oyó silbar entonces una primera bala y una segunda. La primera la vio impactar dos metros delante de él, a tres escasos de Miguel. La segunda no la vio impactar pero pudo sentir como la mano de Andrea se le soltaba. Se volvió y la vio caer desplomada. Dos balas más silbaron nuevamente e impactaron un poco más adelante. Pablo volvió e intentó poner en pie a Andrea. Ella lloraba.

-No puedo, la cagué, me alcanzaron. Vete, vete, no puedo, me dieron en la espalda –Andrea no podía andar, tenía un orificio de bala en la espalda que sangraba profusamente. Lloraba desconsolada.

-Vete, por favor, vete, te cogerán y te matarán –Pablo le sostuvo la cabeza con delicadeza y la colocó en su regazo.

-No Andrea, no, no jodas, tienes que vivir, venga, vamos, levántate, estamos a un paso.

-No puedo, me alcanzaron, Pablo, no puedo moverme.

-Joder, Andrea, joder, mierda, mierda, vamos, aguanta, vivirás y nos iremos ¿vale?

-Me duele Pablo, me duele. No tengo piernas, Pablo, me alcanzaron –los dos lloraban. Sabían que era el fin. Andrea se moría. Pablo con ella. La besó en la frente, en la boca, la acarició el pelo.

-Vete, vete por favor.

-No, me quedaré aquí. Hasta el final. Dios Andrea, no te mueras, tienes que aguantar –dos balas más quebraron el inquietante silencio de la plaza.

-Abre la maleta, por favor, ábrela –dijo ella, agonizando. Pablo la obedeció. Cogió la pequeña maleta y la abrió. Dentro no había nada, estaba vacía. La miró. Ella sonrió, por última vez. También lloraba.

-No podrán quitarnos el sueño, nos mataron pero resistimos –balbuceó Andrea entre un gorgoteo de sangre, saliva y llanto. Entre lágrimas, Pablo empezó a reír. Ella tosió una vez más, escupió un poco de sangre y murió.

-¡Hijos de puta! ¡HIJOS DE PUTA! –su voz retumbó contra las paredes de los edificios de la plaza como en el interior de un tétrico ataúd improvisado. Desquiciado, empezó entonces a reírse a carcajadas.

-¡No podréis quitarnos el sueño, hijos de puta! –en ese momento una bala más cortó el aire nuevamente y alcanzó a Pablo en el pecho. Cayó hacia atrás, con la cabeza de Andrea aún en su regazo. En unos segundos los dos estaban muertos.

Nadie se atrevió a retirar sus cuerpos hasta bien entrada la tarde. Pasaron más de doce horas allí, el uno sobre el regazo del otro. El uno sujetando con firmeza y para siempre, la mano del otro.

LOS OJOS DEL MUNDO

Ahora estoy *dentro* pero no siempre fue así. De hecho sólo llevo *dentro* unas pocas horas, desde esta mañana. Y sin embargo parece que ha pasado una vida entera. En mis recuerdos, esta mañana aparece mucho más lejana que ayer por la tarde. En mis recuerdos, el tiempo nunca es lineal.

Antes hacía frío. Siempre. Ahora también. Pero ya no lo siento y desde luego no es tan intenso como lo era entonces. Ahora el frío parece detenerse justo antes de rozarme la piel. Es como si caminase con un fino escudo aislante que me recubriese por completo. Como si mi piel estuviese desprendida del resto cuerpo para protegerlo creando entre ambos una minúscula cámara de aire caliente. Tengo frío, sí, pero no *siento el frío*.

Estoy en la niebla. Eso es estar *dentro*. Esta mañana llegué aquí y aún no he podido salir. Ignoro como ha sucedido todo. Recuerdo que era muy pronto, las ocho de la mañana o quizá un poco más tarde. Sé que me bajé del autobús y caminé por el parking de la Facultad. Cuando llegué al lugar donde se suponía que debía estar la puerta ya no había nada. La niebla era cada vez más densa y en ningún momento logré encontrar el edificio. De hecho, ya no había nada. Estaba dentro de una niebla que no tenía nada dentro. Me dio miedo, lo reconozco. Todo era demasiado extraño; un poco onírico y también un poco fantasmal. Intenté volver sobre mis pasos hasta el parking, al autobús, pero la niebla era tan espesa que no había forma de saber hacia dónde caminabas. No pude volver a ningún sitio y, por mucho que lo intenté, lo único que hice fue caminar en círculos algo más de un cuarto de hora.

-Mierda –susurré entonces presa de la angustia. Y para mi desconcierto, obtuve respuesta.

-¿Pablo? –por un instante pensé que la niebla me había hablado. Pero inmediatamente después identifiqué aquella voz. No tuve ninguna duda de a quién pertenecía. Y sin embargo quise confirmarlo.

-¿Andrea?

-Sí, Pablo, soy yo.

-No te veo, ¿dónde estás?

-Aquí –entonces sentí su mano extrañamente cálida envolviendo la mía. Y fue justo en ese momento cuando el frío desapareció por completo. Me volví y distinguí la mancha de su abrigo naranja entre la bruma. Apenas podía distinguir su cara pero distinguía perfectamente su abrigo.

-Tu mano está caliente –le dije con una voz demasiado suave, casi un susurro, como cuando le daba los buenos días nada más despertarme frente a ella y nuestros rostros aún seguían hundidos en la almohada y mi voz sumida en sueños.

-Lo sé, no lo entiendo pero no tengo nada de frío.

-Yo tampoco.

-¿Por qué no hay nada? ¿Y por qué no hace frío?

-Creo que es por la niebla. Es demasiado espesa.

-¿Y dónde estamos?

-Deberíamos estar en la Facultad pero no lo sé. ¿Llevas mucho tiempo aquí?

-No, acabo de llegar, pensé que vivía en un sueño. Pero tu mano es bastante real, tú eres real.

-Quiero salir de aquí, Andrea. Esto no me gusta, me inquieta.

-A mí también. Pero ahora que tengo tu mano ya no tengo nada de miedo.

-¿Has visto a alguien más?

-No, creo que estamos tú y yo solos. Creo que esta es nuestra niebla, Pablo.

-Igualmente quiero salir de aquí.

-Yo quiero ir contigo, pero ¿cómo saldremos? La niebla nunca tiene puertas, no sabemos hacia donde caminar.

-Vamos a buscar algo. O a alguien. Tiene que haber alguien. En alguna parte.

El suelo se había vuelto blando, parecía que estuviésemos andando por encima de una colchoneta. Pero no se podía ver salvo que te agachases. Dentro de aquella niebla hasta el suelo estaba demasiado lejos de los ojos. Andrea agarraba mi mano cada vez con más fuerza o con más necesidad y yo iba perdiendo las ganas de salir de aquella niebla a cada paso que dábamos, a cada nuevo apretón que su mano le procuraba a la mía. Empecé a desear entonces no encontrar a nadie, nunca, y quedarme allí todo el tiempo del mundo, con Andrea, los dos solos. Pero no me atreví a decirlo en voz alta. *Todavía no.*

-No hay nadie.

-Ya te lo dije.

-Me gusta mucho que me cojas de la mano.

-Me gusta tu mano. Me guía y me mantiene en pie –me alegró saber que algo mío podía servirle de apoyo. Que dentro de la niebla algo mío era parte de ella así que apreté su mano con ternura.

Seguimos caminando unos minutos. Avanzábamos muy despacio porque la niebla seguía siendo igual de espesa y el suelo igual de blando y cada pequeño paso era una especie de salto en el vacío.

-¿Te has fijado en que tampoco se oye nada? –era cierto. Desde que habíamos entrado en la niebla todos los ruidos habían cesado. Sólo sus palabras y las mías. Sólo nuestros alientos. Solo nosotros, la niebla y el silencio más absoluto.

.   .   .   .   .

Cuando nos quisimos dar cuenta prácticamente habíamos renunciado a salir. No porque pensásemos que fuese imposible. Simplemente que ya no queríamos salir de la niebla. Dentro no hacía nada de frío. Nada era visto y nada nos miraba. El principio y el fin de nuestro mundo estaba donde estaban nuestros cuerpos, el resto *no era*. Seguramente todo empezase detrás de la niebla pero *dentro* sólo estábamos Andrea y yo.

-Te voy a contar la historia.

-¿Qué historia? –su voz sonaba suave, tranquila, como si ya lo supiese todo pero aún así quisiera escucharlo una vez más.

-*Al principio fue el caos...*

-¿Cómo?

-*Al principio fue el caos... luego fue la luz.*

-¿Es de algún libro?

-De una película. De *Paisaje en la niebla.*

-¿Qué quiere decir?

-Lo ignoro. Pero suena bien. Dos niños buscan a su padre. Al final, en medio de la niebla, el niño pequeño le dice a su hermana eso y cuando la niebla se levanta ligeramente, ven un árbol. Los niños corren a abrazarse a él.

-¿Era el árbol lo que buscaban?

-Era lo que hay detrás de la niebla.

-¿Qué había detrás de la niebla?

-La luz.

-*Al principio fue el caos...*

    .   .   .   .   .

Quiero quedarme siempre aquí, dentro de la niebla. Lo acabo de decidir. No es que tenga miedo de cualquier árbol que haya tras la niebla o incluso de que no haya árbol. Tengo miedo de que cuando se levante la niebla, ella se vaya por un lado y yo por otro. Ahora mismo siento que estos son *todos los momentos* y creo sinceramente que cuando la niebla se vaya vendrán *todas las despedidas*. Y eso es todo lo que temo.

-¿Me querrás cuando ya no estemos aquí? —es ella la que lo ha dicho. Primero quisimos salir. Luego quisimos quedarnos. Ahora sabemos que nos acabaremos yendo aunque ambos ignoramos cuando.

-No lo sé.

-¿Y ahora me quieres?

-Más de lo que podría demostrarte.

-Entonces ¿por qué no sabes si me querrás luego?

-No lo sé. No sé lo que será mañana.

-Podrías mentirme.

-Te querré siempre.

-Ya. Pero es mentira.

-No, no lo es.

-Te dije que me mintieses. Me has dicho que me querrás siempre pero porque te dije que me mintieses.

-No, te lo he dicho porque no sé lo que pasará mañana.

También he comprendido que después de la niebla no quiero que nada sea igual. Igual que antes de la niebla. Ahora comprendo que la niebla tiene que partir nuestras vidas en dos.

.   .   .   .   .

Estamos sentados en el suelo. Bueno, yo estoy sentado en el suelo y ella se ha colocado a horcajadas sobre mí, de manera que tengo su rostro a menos de veinte centímetros del mío y sus caderas en mis manos. La miro a los ojos. Me mira con ternura. Acaricia mi cara y me besa. Primero poco, luego mucho. Primero seco. Luego húmedo. Primero sólo labios. Luego también alma.

-Aquí eres cariñosa.

-Aquí no nos ve nadie.

-Pues fuera habrá mundo.

-Y el mundo tiene ojos. Y los ojos miran.

-Si es así prefiero estar donde no lleguen los ojos del mundo.

Parece evidente que ella se siente más segura dentro de la niebla. Es obvio que dentro de la niebla por fin es Ella realmente y que fuera de la niebla no es más que un holograma que cambia en función de cómo lo muevan los demás. De cómo la miren los ojos del mundo.

Sólo la veo cuando la tengo muy cerca, como ahora. Si no, la niebla se mete entre los dos y su imagen se vuelve borrosa, como una foto desenfocada, como un re-cuerdo no muy cercano o no muy intenso.

-¿Estarán pasando cosas detrás de la niebla? –susurra ella.

-¿A qué te refieres?

-A que si fuera de la niebla todo está pasando, si alguien nos busca, si el tiempo se ha parado o todo corre en miles de direcciones distintas, a toda prisa y sin sentido. Como parece hacerlo siempre.

-No lo sé pero creo que deberíamos quedarnos para siem-pre aquí *dentro* –por fin lo he dicho. Ella sonríe con dul-zura.

-No va a poder ser, mi amor. Un día la niebla se irá y todo estará ahí otra vez.

Dentro de la niebla las ganas de llorar se convierten en lágrimas, la alegría en abrazos y el amor en besos. Aquí dentro todo es lo que debe ser y nada se queda por el camino. Las intenciones valen como actos porque parece que con querer hacer algo, lo haces.

.   .   .   .   .

Se ha callado pero aún la noto junto a mí. Hemos vuelto a caminar, más por estirar las piernas que porque creamos que vamos a poder salir de aquí andando. Agarra mi mano y se aferra a ella, como si mi mano fuese a sacarnos de aquí. Como si mi mano tuviese algún tipo de respuesta.

-¿Qué será de nosotros cuando salgamos? -le pregunto sin volverme a mirarle.

-No seremos nada de lo que somos aquí dentro.

-¿No estaremos juntos?

-No. No es eso. Es sólo que no seremos como dentro de la niebla.

-¿Y dónde crees que acaba la niebla?

-Donde empiecen las demás cosas, donde empieza el resto del mundo –entonces empieza a tararear una extraña canción que no logro reconocer, aunque lo hace tan bajo que, a mis oídos, que son los únicos que la escuchan, sólo llega el relajante sonido de un arrullo.

De repente hay una extraña luz que empieza a cobrar fuerza. Andrea también se ha dado cuenta y me agarra del brazo. Nos hemos detenido en seco y nos hemos abrazado muy fuerte mientras mirábamos la luz. Ella me lo ha pedido. *Abrázame.* Ya no susurra la extraña canción de antes. Los dos asistimos estupefactos a este hipnótico momento como si de una aparición divina se tratase. Parece que la luz viniese del mismo corazón de la niebla. Como si el sol estuviese en el centro de todo y por fin se hubiese despertado. Entonces lo he sentido. La luz estaba muy cerca y he sentido que era *Ella*. Que éramos *Nosotros*. Que la luz era todo nuestro Amor abriéndose paso entre la niebla. Ha sido aterradoramente intenso. Y creo que ella también lo ha sentido. Nos hemos besado como nunca. Se nos escapó el tiempo. Fue un beso fuera de todo marco espacial o temporal.

.   .   .   .   .   .

La luz se ha ido. Y la niebla. Justo cuando nos hemos separado y hemos abierto los ojos, todo se ha vuelto extremadamente normal. La Facultad está ahí. La gente está ahí. Y el suelo de hormigón. Han vuelto todos los ruidos y todos los olores. Ya estamos otra vez en medio del mundo.

Nos hemos quedado mirándolo todo con la atención del que ha sido ciego durante años y de repente recupera toda la visión. Con la ilusión del que descubre de golpe todas las sensaciones que son capaces de provocar las cosas que están a nuestro alrededor.

Ella me ha cogido la mano muy fuerte, me ha besado otra vez y me ha regalado la mejor de sus estupendas sonrisas. Luego, mientras le oía decir *ya no tengo miedo pero quiero oír otra vez la historia* y mientras yo me oía contestar *al principio fue el caos... luego fue la luz,* he tenido la increíble certeza de que se habían cerrado para siempre los ojos del mundo.

LOS MIL LADOS DE LA REALIDAD

Cuando tan sólo era un crío estaba completamente convencido de que algunas fotos eran, en realidad, ventanas por las que uno podía acceder a otras realidades, pequeñas fisuras en el tejido del cosmos que nos permitían el acceso a infinitos universos paralelos. Sin embargo, y a pesar de la firmeza de esta absurda creencia, nunca fui capaz de encontrar un sistema para diferenciar estas recónditas grietas en el Orden Universal de Todas las Cosas de las simples y vulgares fotografías, por lo que tampoco fui capaz de elaborar algo parecido a una metodología que me permitiese convertirme en un intrépido viajero interdimensional; por mucho que, en ocasiones, me quedase mirando fijamente cualquier fotografía que, por la razón más arbitraria que fuese, se me antojase como una especie de llave mágica, de puerta secreta. Cuando esto sucedía, cuando creía estar ante uno de estos singulares *agujeros negros*, cerraba los ojos fuertemente, intentaba concentrarme en la imagen que había visto y me convencía a mí mismo de que al volver a abrirlos habría logrado colarme por ese pequeño resquicio que creía haber encontrado y me encontraría dentro de la fotografía; o mejor dicho, en el mundo, en la realidad que se reflejaba aquella imagen. Pero lo cierto es que todas y cada una de las veces que lo intenté, al abrir nuevamente los ojos, comprobaba frustrado que el único sitio donde me encontraba era exactamente el mismo en el que estaba unos segundos antes de cerrarlos. Así que, a medida que me hice mayor, fui olvidándome paulatinamente de las fotos como vehículos para desplazarme por los infinitos planos que, por otra parte, seguía creyendo firmemente que debía de tener la realidad.

Pero de aquella ingenua convicción me quedó también una especie de hobby que con el tiempo devino casi en una manía enfermiza que consistía en guardar, de forma compulsiva, casi cualquier foto que, por los motivos que fuese, me llamase la atención. Poco importaba el argumento para ello, no me regía por criterios estéticos, sentimentales o históricos para justificar mi elección. O no uno de ellos solamente. Porque cualquier motivo podía ser válido para añadir una instantánea cualquiera a mi cada vez más extensa colección. Así, a fotos de mis deportistas, actores o músicos favoritos, iba añadiendo imágenes de lugares que deseaba visitar, como Nueva York, París, la Estepa Siberiana o el Cañón del Colorado; de Grandes Momentos de la Historia de la Humanidad, como el desembarco de Normandía o aquella inolvidable imagen de los dos atletas negros levantando el puño, enguantado, en el podio de las Olimpiadas de 1968; de fotógrafos famosos como Doisneau, Cartier-Breson o Robert Capa.

Así, poco a poco, logré juntar una vasta colección de más de mil fotografías que aún guardo en dos enormes cajas de metal, herméticamente cerradas, protegidas del efecto erosivo del polvo y del aire. Protegidas, en definitiva, del siempre corrosivo paso del tiempo.

Hace unas semanas, una tarde cualquiera en la que ya me había aburrido de casi todo lo que podía hacer, saqué las dos cajas de debajo de mi cama y con delectación me dediqué a revisar mi pequeño tesoro. Hubo fotos que simplemente las ignoré, hubo otras que me provocaron un pequeño sentimiento de contrariedad y desconcierto pues no era capaz de recordar que motivos me habían llevado a querer guardarlas. Alguna que otra me emocionó, bien fuese por el momento que reflejaban o bien por lo que eran capaces de evocar, por el recuerdo al que iban asociadas.

Cuando llevaba algo más de media hora mirando fotos y me hallaba inmerso en los infinitos mundos que aquellas imágenes me proponían, ajeno por completo a todo lo que sucedía a mi alrededor, encontré una postal que había guardado hacía muchísimos años. Era una imagen del Santiago Bernabéu tomada desde alguna de las torres de enfrente, probablemente desde la Torre Picasso. La imagen pertenecía a un momento anterior a la reforma por lo que la parte descubierta aún sobresalía por encima de las viseras que cubrían tres cuartas partes del recinto.

En lo primero que me fijé fue en que las luces del estadio estaban encendidas pese a que aún no había anochecido del todo en el momento de tomar la fotografía. Pero entonces reparé en el vastísimo territorio que se podía avistar tras el coliseo madridista. Siempre había tenido la errónea percepción de que el Santiago Bernabéu estaba ubicado casi a las afueras de Madrid, que mucho más allá de él no había otra cosa que no fuera campo. Sin embargo la imagen no podía ser más elocuente: tras aquellas gradas se extendían kilómetros y kilómetros de edificios, se agolpaban centenares, miles de bloques de viviendas. Y entonces, llevando la vista hasta la línea del horizonte llegué a tu barrio. Y entonces te vi.

El corazón me dio un vuelco y se desbocó en mi pecho. *Está aquí, ella está aquí, en la foto*; fue lo primero que pensé, casi de inmediato. Consideré la posibilidad de que esa intuición, casi inconsciente, fuese lo que hubiese hecho que me fijase en aquella foto en particular y pensé que tal vez, en el momento en que decidí guardarla, hace muchos años, cuando aún ni siquiera te conocía, ya intuía que tendría, en el futuro, respuestas para preguntas que aún no habían sido formuladas.

Como te decía, primero vi tu barrio, a lo lejos, reducido en la distancia, diluido en la inabarcable monstruosidad de una pequeña porción de nuestra ciudad. Y sin embargo, una vez que logré localizarlo, no pude mirar a otro sitio, fui incapaz de ver otra cosa. Vi tu barrio e inevitablemente te vi a ti. Te vi volviendo a tu casa del instituto, tal vez de la Facultad, sola, encerrada en ese pequeño mundo individual de cada uno de nosotros que es a su vez una infinitésima parte del mundo universal. Encerrada en tus pensamientos. Quizás acordándote de mí. Yo. Vi tu barrio y entonces nos vi a los dos juntos, en uno de esos días en que se nos hizo tarde creyéndonos que me querías. Nos imaginé sentados a los dos en un parque, sabiéndonos felices, ignorantes aún de las mentiras y de las casualidades que aún encerraba el futuro, de las buenas y de las malas ya que aún no habíamos gastado ninguna de ellas.

Vi la foto y vi tu barrio y vi tantas otras imágenes que me dolió y sentí tanto dolor que lloré. Vi tu foto y lloré porque comprendí que todo lo que alguna vez había tenido estaba ya sólo, y para siempre, dentro de aquella fotografía.

Y sin embargo la puse a un lado y no la devolví a la caja donde llevaba años olvidada. Recogí todas las demás y volví a meter aquellas cajas metálicas debajo de la cama. Después tome de nuevo la postal entre mis manos y me tumbé en la cama sin dejar de mirarla detenidamente.

Y por primera vez en muchos años, experimenté de nuevo la incontestable certeza de que me encontraba ante una ventana por la que saltar a otra realidad. Recordé entonces aquello que hacía siendo un crío y, sin mucha fe en el resultado final, más por volver a jugar, por no sentir que el paso del tiempo finalmente había podido con todo lo que alguna vez fui, lo repetí.

Cerré los ojos y al momento me envolvió un silencio casi ensordecedor y una vertiginosa sensación de estar flotando en el aire. Intenté abrirlos pero mis párpados no respondían a las órdenes que mandaba mi cerebro y sentí como la postal se doblaba bajo la presión de mis temerosos dedos, que se agarraban a ella como quien encuentra una rama sobresaliendo mientras cae por un abismal barranco.

Fueron apenas dos segundos, tres quizá. Pero en ese tiempo puedo jurarte que escuché el verdadero sonido del silencio. Pero entonces, de golpe, todo cesó. O al menos lo hizo el vértigo y el ensordecedor silencio. Mi cuerpo se serenó y mis músculos se relajaron. Sin embargo algo había cambiado: ya no tenía la postal entre mis manos y sobre todo, me envolvió un estruendo de agitación que me aceleró el pulso. El miedo me bloqueó entonces y me negué a abrir los ojos sólo un instante después de no haber sido capaz de hacerlo. Aquel ruido era real, ya lo creo que era real. Coches arrancando, cláxones, autobuses deteniéndose, murmullo lejanos de voces... los auténticos sonidos de la vida misma abriéndose paso ante mis atónitos sentidos. ¿Qué estaba sucediendo? Por fin reuní el valor suficiente y, con el corazón completamente descontrolado por la incertidumbre, abrí los ojos aterrorizado. Algo había cambiado. Ya no estaba en mi habitación. Confuso y aturdido, miré a mi alrededor. Enfrente tenía el Santiago Bernabéu y del interior llegaba el rugido de miles de gargantas cantando y gritando. Las luces del estadio se filtraban por los tragaluces pero miré al cielo y comprobé que aún no era de noche del todo. No había duda alguna: me había colado en la fotografía, estaba dentro de ella. Me había filtrado, a través de una minúscula rendija, en otra dimensión. En otro plano de la realidad.

El miedo dio paso a una gran sensación de expectación por lo que iba a encontrarme, por lo que estaría pasando en este plano de la realidad y una enorme y muy infantil satisfacción por comprobar, por fin, que había tenido razón desde pequeño, que las fotos podían ser ventanas por los que escapar de la realidad.

Aún así me pellizqué los brazos para asegurarme del todo de que no estaba soñando pero lo único que pasó fue que una tenue sensación de dolor se instaló durante unos segundos en mis músculos. Eso y que no desperté sobresaltado y sudoroso en mitad de mi cama.

Una mujer se aproximó entonces hacia donde yo estaba, justo en la boca de metro y se apoyó en el muro que hacía las veces de barandilla después de echar un vistazo a su alrededor y comprobar la hora. Era obvio que esperaba a alguien que aún no había aparecido. La miré distraídamente, intentando no incomodarla pero pretendiendo averiguar si era alguien a quien conocía o si llevaba a cabo algún gesto extraño que la delatase como parte de una fantasía propia. Pero todo lo que hizo fue sacar su móvil y escribir lo que supuse sería un mensaje de texto.

-Disculpe ¿tiene hora? –si ahora hablaba en Latín o contestaba con la voz de Constantino Romero, no tendría ninguna duda: estaba soñando.

-Sí, van a ser las seis y media –respondió sin mirar el reloj con una voz extremadamente femenina.

-Gracias –pues nada. La señora era bastante real y desde luego no me iba a arriesgar a pellizcarla para comprobar nada más. Decidí entonces que tenía que moverme si quería averiguar lo que estaba pasando así que, sin saber muy bien hacia dónde dirigirme, me encaminé hacia el metro.

No había puesto el pie en el primer escalón cuando apareciste subiendo por las escaleras. Me sonreíste y yo te miré atónito, como si hubiese visto a un muerto salir de su tumba. Pero tú, feliz y distraída, no te diste cuenta. Cuando llegaste hasta mí te colgaste de mi cuello rodeándolo con tus brazos y me diste un gran beso en la boca y luego me abrazaste. Un magnífico abrazo de aquellos que ya casi había olvidado que tan bien sabías dar. Me envolvió el inequívoco olor de tu perfume mezclado con tu propio olor y el de tu ropa. Te rodeé con mis brazos, fuertemente, como si temiese que te escapases y así permanecimos unos segundos. Entonces te separaste ligeramente de mí.

-¿Dónde quieres ir?

-Me da igual... ¿al Vips? —contesté intentando disimular mi perplejidad por este desconocido, por nuevo, escenario.

-Vale —respondiste subiéndote ligeramente el cuello de tu abrigo naranja y cogiéndome de la mano.

.   .   .   .   .

Pasamos una tarde increíble. Tú estabas extremadamente cariñosa y simpática. Reías, me besabas, hablabas sin parar... parecías realmente feliz y yo parecía formar parte de aquella felicidad, parecía ser responsable, en parte, de esa felicidad.

Luego, cuando nos despedimos en la boca del metro, tú multiplicaste tus muestras de afecto por diez. Sobre uno de los besos más tiernos que recuerdo, colgaste un *"te quiero, pedorro. Nos vemos mañana"* que deshizo mi último resquicio de resistencia a quedarme para siempre en aquel plano de la realidad.

Aturdido, subí al metro con la certeza de que estaba en el lado bueno de las fotos. De que por fin había encontrado la ansiada grieta en el Orden Universal y a través de ella había alterado mi realidad. Pensé entonces en algunos factores que, con la emoción y el desconcierto, había obviado en un primer momento. Lo primero era que no tenía la más remota idea de cómo volver al otro lado de la realidad, al que yo había tomado por el Único hasta unas horas antes. Por otro lado me asaltaron otro tipo de dudas, de incertidumbres Físicas, a saber: ¿transcurría el tiempo a la misma velocidad en el plano de la realidad en el que me encontraba que en el que había habitado veintitrés años? ¿Estaría mi *Yo* de esta dimensión en la otra, cubriendo mi hueco como un sustituto cubre las ausencias de los trabajadores enfermos? Si no era así, ¿me habrían echado de menos mis familiares y amigos en *Mi Dimensión*? ¿Qué pasaría si llegaba a encontrarme con mi *Yo* de esta dimensión en cualquiera de la dos? ¿Cómo viajaba él a través de las distintas realidades? De producirse tal encuentro ¿se produciría una paradoja espacio-temporal que pondría en peligro la existencia de todo el Universo?

En estas cuestiones andaba sumido cuando al pasar por Sainz de Baranda sentí una especie de sueño envolvente, casi anestesiante, que me nubló los ojos. Los cerré unos segundos para aclarar mi vista y despejar mi cabeza y entonces noté las mismas sensaciones que había experimentado unas horas antes. Un breve silencio absoluto seguido de un estruendo de muy distintos ruidos. Pero a diferencia de lo que había pasado antes, esta vez me encontraba en el mismo sitio: el vagón de metro. Sólo que algo había cambiado. Los compañeros de viaje eran otros.

En Pacífico me bajé y me senté en un banco del andén. Aturdido por todo lo que estaba pasando, intenté recapitular todo los acontecimientos y todas las sensaciones que había acumulado en unas pocas horas.

Noté que me había abandonado la sensación de euforia con la que me había metido en el metro después de una de los mejores ratos que había pasado contigo desde que nos conocíamos. Deduje entonces que en aquel breve lapso de tiempo en que me había visto obligado a cerrar los ojos, había regresado a mi lado de la realidad, que ya no estaba en el plano de la realidad donde tú y yo aún éramos pareja y donde tú me querías y eras cariñosa y dulce y parecías rodeada de felicidad.

Apesadumbrado, enterré mi rostro entre mis manos y lloré como si te hubiese dejado escapar por segunda vez, como si la oportunidad de volver a tenerte se hubiese vuelto a escurrir entres mis dedos como fina arena de playa. Dejé pasar un par de metros y luego me metí en el tercero y volví a casa completamente abatido, como si en realidad volviese de romper nuevamente contigo.

Sin embargo, al entrar en mi habitación y encontrarme con la postal tirada sobre la cama todo cambió nuevamente. No tenía de que preocuparme mientras tuviese aquella foto porque por fin había encontrado la grieta por la que colarme cada vez que lo desease en el plano de la realidad donde encontrarme con tu *Yo* cariñoso y feliz, tu *Yo* al que había estado buscando durante algo más de un año en el plano de la realidad donde me era imposible encontrarlo. Porque ya no estaba.

Pero ahora que sabía dónde tenía que ir a buscarle, no iba a dejarte escapar tan fácilmente.

.   .   .   .   .

Durante semanas he estado pasando de un lado de la realidad a otro con más frecuencia cada vez. Y el resultado siempre ha sido el mismo. Al atardecer, justo antes de que todo se vuelva oscuro, me he encontrado un día tras otro contigo, bueno, con tu *Yo* del otro lado. Siempre ha sido igual. Amor, entusiasmo... felicidad. Supongo que mi otro *Yo* ha cubierto bien los huecos de mi ausencia en Mi Realidad porque nadie parece haberme echado de menos.

El tiempo que hemos pasado juntos al otro lado de la foto cada vez ha sido mayor, cada vez me quedaba más tiempo junto a ti y cada vez nos costaba más separarnos. En este lado de la realidad ayer me reconociste que me encontrabas muy cambiado de unas semanas hacia acá, que no hace tanto tiempo que estabas convencida de que te iba a dejar y que lo habías pasado horriblemente mal pero que ahora eras más feliz que nunca. Hoy te he propuesto que nos vayamos a vivir juntos al final del verano y tú casi te echas a llorar y me has dado muchos besos y me has dicho dos millones de veces que me querías. En este lado de la realidad todo es distinto. Todo se desarrolla conforme a lo que siempre deseé, todo parece una interpretación literal de un guión que hubiese escrito yo mismo. Que hubiésemos escrito los dos. Todos lo que sólo son vanos deseos en el lado de la realidad donde siempre hemos vivido, parecen cumplirse a este otro lado.

Durante los últimos días he estado buscando la manera de quedarme definitivamente en este plano de la realidad pero no la he encontrado. Hoy voy a probar algo distinto y estoy seguro de que va a funcionar. Todas estas semanas siempre volvía de nuestras citas en cualquier medio de transporte. Estos últimos días los he cambiado varias veces, igual que los itinerarios, hasta recorrer caminos de dos horas y de varios vehículos. Pero siempre pasaba lo mismo: en algún punto del trayecto me invadía el sueño y se me nublaba la vista y por mucho que intentaba resistirme, al final siempre tenía que cerrar los ojos. Al abrirlos de nuevo, ya estaba en este lado de la realidad. Así que hoy volveré a casa andando. Y aunque tarde un par de horas, puede que tres, lo haré tranquilamente, refugiado en la felicidad de saber que ya no tendré que atravesar más ventanas para encontrarte. Allí estarán mis padres y mi hermano de la otra dimensión que me tomarán por El Auténtico. Me desharé entonces de la foto, la romperé en mil pedazos y luego los quemaré, cerrando así, definitivamente, la grieta que me ha permitido el paso hacia mi sueño todos estos días.

Ahora, mientras escribo esto, aún estoy en el *lado malo*, en el que tú y yo estamos separados por cientos de barreras de todo tipo. Por eso estoy dejando este mudo testigo para que, cuando yo no esté, sepas que el *Yo* con el que te vas a encontrar es el de la otra dimensión porque el de ésta, estará contigo, viviendo la realidad que siempre ha querido vivir.

Pero antes quería dejar algunos cabos atados. El día que te de este relato, en este plano de la realidad, será la última vez que me veas, que veas al *Yo* que conociste, al *Yo* del que creíste enamorarte, al *Yo* que al final acabaste dejando. A partir de entonces convivirás con el *Yo* que, en el otro lado de la realidad, parecía estar cansándose de amarte. ¿Por qué fue así en ese lado? No lo sé, nadie lo sabe. Supongo que por la misma extraña razón que tú me dejaste de querer en este lado. Porque estas cosas pasan así.

Por mi parte, después de darte el relato, emprenderé un último viaje a la otra dimensión para quedarme contigo para siempre. Me suena extraño despedirme de ti para huir a reunirme contigo pero a veces la realidad se nos revela como la más increíble de las fantasías, ¿verdad, Andrea?

Una última cosa, espero que tú, algún día, encuentres esa grieta que toda realidad tiene por la que colarte en el lado que siempre has estado esperando, donde todo sea como tu deseas. Mientras tanto, procura ser feliz aquí y, si alguna vez cambias de dimensión, búscame, seguro que allí también querré saber de ti.

Siempre tuyo, siempre contigo.

Pablo.

PETER PAN EN MI VENTANA

Se despidieron con un ligero, rutinario y muy monótono beso en los labios y él se subió al autobús. Desde hacía tiempo eran éstos besos vacíos y frágiles, como pompas de jabón. Así de quebradizos. Ya no había nada especial en ellos. Y no podía echarse la culpa al paso del tiempo, simplemente que entre ambos cada vez quedaban menos cosas que no fueran simples hábitos, aburridos e insustanciales ritos.

Le enseñó el abono al conductor y caminó titubeante hacia el fondo mientras, por las ventanillas, la veía alejarse, sin volverse a mirar, como siempre. Porque Andrea nunca se volvía hacia él después de despedirse. Ni cuando lo hacían a la salida de la Facultad, ni en aquellos adioses de madrugada, sólo unas horas antes de que saliese el sol, en el apartado barrio del norte de Madrid donde ella vivía. Nunca se volvía. Él siempre se quedaba mirando, esperando que esta vez sí se girase para despedirse una última vez, aunque fuese con un leve gesto, con una pequeña mueca de agrado. Pero nunca lo hizo. Él sólo quería verla volverse y sonreír una vez más. Pero después de decirle adiós, echaba a andar en dirección contraria y ya no volvería a ver su rostro hasta la próxima vez que quedasen. La espalda de su abrigo naranja fue lo último que perdió de vista. Adiós, Andrea.

Se sentó en un asiento cualquiera y no tardó mucho en darse cuenta de que viajaba completamente solo, de que era el único pasajero de aquel autobús. Tampoco le extrañó mucho y menos después de mirar la hora: las cuatro y cuarenta. Apoyó la cabeza en la ventanilla y con la mirada extraviada en algún punto indeterminado de la noche se puso a pensar en Andrea. La quería, la quería mucho. Más de lo que había querido nunca a nadie. Recordó que en un principio hubo muchas dudas por parte de los dos. Él, miedo a perderla. Ella, miedo a volverse vulnerable. Los dos temblando, agarrotados, inmóviles. Pero luego llegó una época en la que se quisieron sin reservas, una época en la que fueron Ángeles, aprendices de Ícaro, volando tan alto que los cañonazos del mundo nunca podrían alcanzarlos. Millones de disparos cargados de la envidia de los cobardes y extraviados y ninguno sería capaz de acercarse a ellos siquiera. Ninguno pudo, jamás, alterar su vuelo lo más mínimo. Y sin embargo ahora, y desde hacía un tiempo, todo parecía haberse torcido y tenían que hacer enormes esfuerzos para mantenerse en el aire y no caer. Y eso que ya no había disparos que esquivar. Pero sus alas pesaban demasiado como para seguir batiéndolas con la gracia y ligereza de entonces.

En estas oníricas y muy simbólicas imágenes andaba ensimismado cuando, de repente, el autobús frenó en seco.

"Algún imprudente que se ha cruzado" pensó Pablo. Pero el conductor se levantó y salió de su cubículo. *"A qué hemos pinchado"* aventuró entonces poniéndose en el peor de los casos. Sin embargo el conductor no había abierto ninguna de las dos puertas y se dirigía, decidido, hacia el fondo del autobús. Hacia donde sólo estaba él. Fue consciente de que allí dentro no había nadie más que no fuesen ellos dos. E inmediatamente después reparó en que aquel hombre alto, corpulento, medio calvo y con barba de tres días que se dirigía con paso firme hacia él, no era el conductor al que le había enseñado su abono unos minutos antes. Desconcertado miró a su alrededor y entonces descubrió que la noche se había vuelto tan negra que no era capaz de ver absolutamente nada fuera del autobús. Era como si los cristales se hubiesen vuelto totalmente opacos de repente. Nada, sólo la más absoluta oscuridad. Y justo antes de que el conductor se detuviese frente a él, fue plenamente consciente, por fin, de que aquella situación contenía, de por sí, suficientes elementos como para acabar sintiendo verdadero pánico. Pero en contra de toda lógica, se sintió profundamente tranquilo, absolutamente relajado y, desde luego, verdaderamente intrigado por descubrir lo que estaba sucediendo. Aquel hombre, que de repente le resultaba extrañamente familiar, le transmitía la certeza de que nada malo iba a pasarle y la intuición de que debía dejarle hablar. Aquel hombre le transmitía una sensación de incomprensible y sorprendente complicidad que no lograba justificar.

-Sé lo que estás pensando –dijo con una voz que le sonó tan parecida a otra que él había oído en algún lado.

-¿Qué? –la rapidez con que se había desarrollado todo sólo le había concedido el tiempo necesario para acumular sensaciones e intuiciones sin posibilidad alguna de procesarlas mediante la razón. Por eso se sentía tan enormemente desconcertado como injustificadamente tranquilo.

-La estás perdiendo.

-¿Qué? ¿Qué has dicho?

-A ella, la estás perdiendo.

-A quién –su aturdimiento le impedía encadenar dos hechos tan seguidos, asociar a Andrea, su chica, con lo que aquel conductor estaba diciendo en ese momento.

-A tu chica, la chica de la parada. Andrea.

-Espera un momento ¿cómo sabes su nombre? –Ahora sí que se había puesto realmente nervioso. Los acontecimientos empezaban a ser demasiado insólitos y disparatados como para no preocuparse. Un poco al menos.

-Qué más da. El caso es que la estás perdiendo, es lo que importa y tú no quieres perderla –lo afirmó dándolo por supuesto, como si fuese de él mismo de quien hablase.

-No, pero...

-Pues ya está.

-No, no está, para nada está. ¿Cómo sabes que la estoy perdiendo? –Hizo una breve pausa pero sin dejarle responder, prosiguió –Oye ¿quién coño eres tú y que está pasando aquí?

-Más tarde sabrás quien soy. Ahora lo que importa es que he venido para ayudarte. Sé todo lo que te pasa y más aún, sé lo que te pasará. Sé que la estás perdiendo y tengo que evitar que lo hagas. Y la perderás, créeme. Yo estaba allí.

-¿Dónde?

-En aquel parque.

-¿En qué parque? ¿Qué coño estás diciendo? Oye, escucha, será mejor que dejes de soltar enigmas y *mediasfrases* y me hables claro de una puta vez, que me digas YA lo que está pasando porque me estoy rayando y estoy a un pelo de salir corriendo de aquí.

-Es cierto. Aún faltan unos días, todavía no puedes saber lo que pasará. Tienes que acompañarme, tengo algo que enseñarte.

-Unos días... ¿para qué? –Guardó silencio pero el conductor no replicó –Oye, esto no me gusta un pelo, abre esa puta puerta, no pienso ir contigo a ningún lado, no sé quién eres, ni lo que quieres de mi. No tengo ni idea de que hablas. Haz el favor de abrir la puerta y dejar que me vaya –Pablo se estaba empezando a poner nervioso, aunque aún no había sentido auténtico miedo. Por la razón que fuese, aquel hombre transmitía algo completamente irracional que, al tiempo que le inquietaba por desconocido, lograba contagiar una especie de confianza casi ciega. Y además, le resultaba cada vez más familiar, aunque también estaba cada vez más convencido de no haberle visto antes.

-Escucha, no pienso hacerte nada. Sólo quiero que me acompañes. Será un momento y si quieres que ella se vuelva cuando os despedís, tendrás que acompañarme – aquello sí que le sobrecogió hasta hacerlo estremecer.

Pálido, enmudeció y no fue capaz de decir nada durante unos cuantos segundos. Eso era algo que sólo él sabía, no lo había comentado con nadie, nunca. Podía ser casualidad pero si no lo era, si lo había dicho por algo, entonces sólo podía ser… no, imposible, era una locura –yo mismo te llevaré a Vallecas luego. Si quieres.

-¡Eh! ¿Cómo coño sabes donde vivo? ¿Por qué sabes tanto de mí? ¡Dime de una puta vez quién eres!

-Eso da igual, lo sabrás más tarde o más temprano. De todas formas, no me creerías. Ya te lo he dicho, yo estaba allí mientras todo pasaba –Pablo guardó silencio mientras le miraba escrutadoramente. El conductor aguardó en silencio, con una media sonrisa dibujada en el rostro, como si supiese que al final Pablo acabaría acompañándole.

-Joder, joder, vaya puta locura. De acuerdo, ¿dónde se supone que vamos? –se había tranquilizado. Quizás era el hecho de que había logrado asociar, por fin, al conductor con su propio padre. Aunque fuese consciente de que no se trataba más que de ciertas semejanzas. Sí, se parecía a su padre pero no eran iguales. Y sin embargo estaba absolutamente convencido de que era igual a alguien que él conocía bien

-Sabía que vendrías, eres listo. Cógeme las manos fuertemente y cierra los ojos.

-¿Qué te coja las manos? No me jodas, no serás una especie de maníaco sexual… –se miraron en silencio unos segundos y, primero el conductor y a continuación Pablo, prorrumpieron en una sonora carcajada. Entonces le agarró de las manos y, tal y como le había pedido, cerró fuertemente los ojos.

Cuando los abrió dos segundos después se sobrecogió nuevamente al comprobar que el autobús había desaparecido, con la calle, con las luces, con la noche. Era de día, había sol, estaba en un parque que no tardó en identificar. Y tembló de pánico, entonces sí, hasta dar un respingo hacia atrás, al comprobar que estaba frente a sí mismo. Era él, aquel chico que estaba en el banco de enfrente, a sólo unos escasos metros, era él. Y también estaba Andrea, sentada a su lado. Era el Parque del Oeste, donde tantas veces se habían querido. Pero esta vez todo era distinto, empezando porque Pablo estaba allí por duplicado.

-No pueden vernos, tranquilo —no había reparado en la presencia del conductor que ahora estaba sentado a su lado.

-¿Qué está pasando? —su pregunta, formulada de forma muy genérica, trataba, básicamente, de averiguar cómo habían llegado hasta allí. Pero también podía ser interpretada como una interpelación para saber lo que estaba sucediendo en el banco de enfrente.

-Es el final.

-¿Qué? —la respuesta, que estaba lejos de ser una contestación a su pregunta, le sorprendió tanto que se olvidó inmediatamente de todo lo demás. Ya no quería saber cómo habían llegado hasta allí en mitad de la noche, ni porque aquel Pablo y aquella Andrea no podían verlos. Ahora todo lo que quería saber era que significaba aquello de *es el final*.

-Ella quiere dejarlo, sólo un tiempo, pero quiere dejarlo, está agobiada. O eso dice.

-¿Pero qué estás diciendo?

-Escucha –Pablo, a instancias del conductor del autobús, se volvió hacia su otro Yo y hacia Andrea. Escuchó. Era cierto. Andrea, su chica, la chica de su vida, quería dejarle. Él buscaba razones y trataba de convencerla pero todo resultaba inútil. Ella estaba convencida. *"A la larga será lo mejor para los dos"*, arguyó sollozante.

-Vámonos, vámonos de aquí –se volvió hacia el conductor. No podía soportarlo.

-Sí, creo que ya es suficiente –se levantaron sin que nadie reparase en su presencia. ¿Estaban realmente allí? ¿Había forma de saberlo? Caminaron deprisa y cuando estuvieron lo suficientemente alejados como para poder ignorar lo que estaba sucediendo en aquel parque, Pablo se paró en seco.

-Vale, ahora explícame qué era eso, quién eres y cómo hemos llegado hasta aquí.

-Tienes razón, es hora de que lo sepas todo.

»Aún no te puedo decir quién soy, lo averiguarás por ti mismo. Aunque por el bien de los dos espero que no lo hagas nunca. Pero sí puedo responder al resto de tus preguntas. Eso que has visto ha sido producto de un viaje en el tiempo. Yo vengo de un futuro bastante lejano para llevarte hasta un punto intermedio que para ti es el futuro próximo pero que para mí sigue siendo el pasado. He retrocedido unos veinte años para enseñarte algo que sucederá en apenas tres semanas. *Eso de ahí*, como has podido comprobar, erais Andrea y tú. Desde esta noche hasta que llegue ese momento, las cosas irán deteriorándose y dentro de tres semanas ella pondrá fin a la relación. Tú lo pasarás mal, muy mal. Conocerás el verdadero dolor, el dolor absoluto, el dolor de perder a la persona que amas y no poder hacer nada. Algo muy parecido a la muerte, créeme. Después experimentarás distintos estados de ánimos y distintos sentimientos contradictorios hacia ella. Primero la odiarás, luego creerás sentir indiferencia y durante mucho tiempo no sabrás a ciencia cierta si sigues enamorado de ella o no. Puede que la mayor parte del tiempo creas haberlo superado pero cada vez que vuelvas a tocarla, cada vez que te sonría o te pida un abrazo porque está triste, comprenderás que en realidad nada ha cambiado para ti. Seréis grandes amigos pero nunca más tendréis la relación que estás a punto de perder.

-¿Y para qué cojones me cuentas todo esto?

-Porque aún estás a tiempo. Puedes salvarte. Salvaros.

-¿Cómo?

-Para responderte deberás acompañarme a otro sitio –Pablo miró a su alrededor, quería salir de aquel parque cuanto antes. De repente sintió una especie de repulsión hacia aquel lugar. Una angustia casi claustrofóbica.

-¿A dónde?

-Cierra los ojos y dame las manos –obedeció como había hecho en el autobús pero esta vez no lo acompañó con ningún comentario sarcástico. Aún sentía un nudo de tristeza y congoja en el estómago.

Cuando abrió de nuevo los ojos se encontró frente a un sitio totalmente distinto. Estaban en la cima de una loma cubierta de hierba, a unos pocos cientos de metros de un enorme castillo de piedra gris. En las distintas almenas había unos siniestros hombres vestidos de gris, sin rostro, con las facciones borradas, la expresión de los ojos y la boca anulada y el pelo cortado al cero. Eran todos iguales, como infinitas copias de un único original. Y había más en las puertas. Y vigilando el puente de madera. Y en general, alrededor de todo el castillo.

-Ese es el Castillo de la Vigilia –la voz del conductor, como había sucedido en el parque, le pilló desprevenido.

-¿Cómo? –Se giró hacia él con el gesto torcido por la incredulidad. Aquello parecía sacado de un cuento de hadas o de *El Señor de los Anillos*.

-El Castillo de la Vigilia. Ahí, en sus calabozos, están guardados todos los sueños, sonrisas, miradas... de todos los que alguna vez fuimos niños y un buen día, por la razón que fuese, dejamos de serlo. Es una verdadera fortaleza, imposible de traspasar, ya sea para salir o para entrar. Salvo para los únicos enemigos que tienen esos aberrantes *Hombres-sin-rostro*: Los niños. Dentro vive La Reina de las Pesadillas. Ella es la dueña de todo esto. Del castillo y de sus tierras, de esos *Hombres-sin-rostro* y de todo lo que guardan. Ella manda a sus hombres para que visiten a los niños en sus sueños y se los roben, igual que hacen con su sonrisa y su infantil mirada. Se alimenta de eso, es lo que la mantiene viva. Entonces los niños dejan de serlo para siempre. La Reina de las Pesadillas lo necesita para vivir. Cada sonrisa que roba, cada mirada que arrebata, agranda su poder y extiende su vida. Cada niño que se resiste y logra vencer a los *Hombres-sin-rostro* en sus sueños, aunque sea por un tiempo, la derrota y merma su poder. Los *Hombres-sin-rostro* no dejan de ser sus hijos y nacen de su fuerza. Ellos sólo pueden hacer un viaje al País de Todas las Mañanas y sólo vuelven si vencen. Cada sueño es una batalla y no importa demasiado la guerra porque será eterna siempre que haya un solo niño que pierda su particular duelo.

-Vale, creo que no voy a volver a fumarme un porro en mi vida. Ni siquiera me beberé una cerveza más. Esto… esto es demasiado.

-Entrar es fácil –el conductor continuó con su alucinada explicación ignorando deliberadamente el escéptico comentario de Pablo –Tú sólo tienes que acercarte, provocarles y dejarte coger, con eso bastará. Pero una vez dentro, te llevarán a los calabozos y entonces empezará tu misión. Deberás escaparte del calabozo y encontrar la sonrisa y la mirada de Andrea, escapar del Castillo con ellas y devolvérselas. Eso bastará no sólo para salvar vuestra relación, si no para que seáis más que felices los dos juntos el resto de vuestra vida. Dependerá de vosotros que ella las vuelva a perder aunque si eres capaz de recuperarlas y permanecéis unidos siempre, será imposible que os las arrebaten.

-Espera, espera. ¿Dices que tengo que entrar ahí a buscar la mirada y la sonrisa de la infancia de Andrea porque uno de esos *Capullos-sin-jeta* se la arrebató en un sueño cuando era niña para que ella vuelva a serlo y así salvar mi relación y evitar que pase *eso* que hemos visto en el parque?

-No lo habría resumido mejor. Pero ten en cuenta que no es tu relación lo que está en juego. Es tu vida. Si no lo consigues, si no consigues que Andrea se quede junto a ti, tu vida ya no valdrá una mierda.

-Joder, no lo puedo creer, no lo puedo creer. ¿Y cómo lo haré? ¿Cómo las encontraré? Estamos hablando de una sonrisa y una mirada, no de una mochila o de un libro.

-Será muy fácil. Sólo tienes que encontrar al *Hombre-sin-rostro* que se las quitó.

-Pero... ¿estás tonto? ¿Tú has visto eso? ¡Son todos iguales!

-Lo reconocerás, créeme. Sólo tienes que buscar bien. Cuando lo tengas delante sabrás quién es. Encuéntrale, acaba con él y la sonrisa y la mirada de Andrea pasarán a ser tuyas, te lo aseguro. Pero no te las quedes o te convertirás en uno de ellos. Cuando las tengas, deberás devolvérselas o te condenarás. Os condenarás.

-¿Y si me niego?

-No puedes negarte, si pierdes a Andrea, serás igualmente uno de ellos. Tú única oportunidad pasa por salvarla a ella —Pablo se calló y miró ausente el Castillo. Empezó a resignarse a su descabellada suerte.

-Y como haré para salir, parece la jodida prisión de Alcatraz.

-Habla bien, hombre. Sólo tienes que recordar cuando eras niño. Recuerda Peter Pan.

-¿Por la ventana? ¿Volando? –el conductor le miró y le sonrió, hizo ademán de girarse para marcharse pero Pablo le detuvo.

-Espera, espera. ¿Cómo se la devuelvo?

-Aprende a escuchar. De la única forma en que puedes entrar en ella: métete en sus sueños.

-Pero una mirada y una sonrisa no es algo que te pones, no se puede devolver así como así. Tengo que saber cómo se hace.

-Te lo he dicho. Sólo recuerda cuando eras niño. Cuando todo era nuevo y todo era posible. Piensa en cual es el sueño de todo niño, incluida Andrea, ayúdale a conseguirlo y será tuya y volverá a tener su sonrisa y su mirada. Volverá a ser dueña de sus sueños.

-Esto… esto es una locura.

-No, no sabes lo que es la locura. Y una cosa más: si fracasas en tu intento de devolverle su infancia a Andrea, tendrás una segunda oportunidad. Pero ésta no te librará del sufrimiento de perderla, por un tiempo al menos. Este próximo verano, cuando estés lejos de tu casa, a cientos de kilómetros, una noche tendrás una especie de revelación. Tengo que aclararte que mañana, cuando despiertes, no recordarás nada de todo esto y cuando dentro de unos meses llegue el momento, lo revivirás todo de golpe. Primero creerás que es producto de tu invención, un sueño, pero luego serás consciente de que todo te sucedió realmente. En cualquier caso, sentirás el incontenible impulso de escribirlo y se lo regalarás a Andrea junto a otros cuatro cuentos. Entonces ella elegirá de nuevo. Comprenderá que sólo a tu lado podrá recuperar aquello que más desea. Será su elección. Deberá elegir entonces entre estar juntos y ser niños o estar separados, convertidos en tétricos *Hombres-sin-rostro*. Volverá a tu lado u os condenará para siempre a vivir en el Castillo de la Vigilia, donde ya no podréis dormir ni soñar como niños nunca. Pero no te preocupes aún por eso. Derrótale y todo saldrá bien.

-Tú sabes quién es –afirmó Pablo con una sonrisa cómplice tras unos segundos de silencio.

-Y tú, lo sabemos los dos –ambos sonrieron. Pablo ya sabía a quién tenía que buscar. Sabía su nombre y sabía que no podría esconder su rostro. Ahora sólo le quedaba encontrarlo y derrotarlo.

El conductor se dio la vuelta. Caminó en dirección contraria al Castillo. Pablo le vio alejarse.

-¡Creo que ya sé quién eres! –le gritó cuando estaba a unos veinte metros El conductor se volvió y le miró -¡Gracias!

-¡De nada! ¡Al fin y al cabo estamos en el mismo bando, ¿no?! –volvió a sonreír y se marchó. Pablo supo que, si todo iba bien, esa era la última vez que le vería, pero que si salía mal, debería cargar con su presencia hasta el final de sus días. Desapareció tras la loma verde y Pablo se giró hacia el Castillo de la Vigilia. Resopló una vez más justo antes de enfrentarse con determinación a su destino.

·   ·   ·   ·   ·

Estaban sentados en un banco del Parque del Oeste, queriéndose como tantas otras veces. Apuraban unos minutos antes de irse cada uno a su casa, después de clase. Era un soleado día de mediados de marzo, la primavera se abría su hueco y empezaba a hacer calor.

-¿Sabes lo que soñé anoche? –dijo ella. Estaba tumbada sobre el banco con la cabeza apoyada en el regazo de Pablo. Él le acariciaba el pelo con un ligero, rutinario y monótono gesto. Ya no era especial.

-¿El qué? –ella se incorporó y le miró.

-Pues yo estaba en mi cama ¿no? Entonces oía unos golpes en la ventana, como el viento pero un poco más fuerte. Me levanto y me asomo y ¡ERA PETER PAN! Bueno, lo mejor es que en realidad eras tú pero disfrazado de Peter Pan. Estabas ahí fuera, a un montón de metros por encima del suelo, flotando en el aire. Yo te abría la ventana y tú te posabas en el alfeizar. Me decías que habías ido a buscarme para que volase contigo al País de Todas las Mañanas, me cogías la mano y me subías al alfeizar. Pero entonces a mí me daba miedo porque creía que me iba a caer y tú me decías que si te cogía fuerte la mano era imposible que me cayese. Pero yo tenía mucho miedo de saltar y no ser capaz de volar.

-¿Y qué hiciste?

-Nada. No lo sé. Justo cuando estábamos en el alfeizar, me he despertado –Pablo sintió una especie de estremecimiento interior, de congoja, en algún lugar tan profundo de su ser que no logró identificar. Sólo tuvo la amarga intuición de que aquello se estaba acabando.

NOVIEMBRE

Nada más levantarse sintió que lo hacía con el pie cambiado. Hacía semanas que parecía carecer de la más mínima cierta armonía en su estado vital. Era como si en un desvío del camino el ritmo de su ánimo y ella hubiesen tomado caminos distintos, como si ella hubiese abandonado desde ese mismo momento toda posibilidad de encontrarlo. Ahora su existencia no era más que una monótona sucesión de acordes similares. Parecía un niño aporreando siempre las mismas teclas de un gran piano. A todo lo que hacía, desde hacía semanas, le recubría el torpe velo de la rutina.

Preparó un café, se duchó, se vistió y cogió su bolso. Salió a la calle. Era uno de los primeros días de noviembre. No reparó en qué día era exactamente porque si lo hubiese hecho, probablemente no habría pasado nada de lo que luego sucedió. Si se hubiese dado cuenta que era 5 de noviembre no se habría detenido frente al escaparate de aquella librería del centro en el que un nombre y un título la sobresaltaron hasta desbocar su pulso.

Había caminado durante un rato, dejando que el viento la despeinase. El día había amanecido gris y desapacible y, según había visto la noche anterior en el Telediario, era probable que a última hora de la tarde descargase agua, como venía haciendo en los últimos días, por otra parte.

No tenía mucha prisa ya que, en contra de lo que en ella era habitual, iba con bastante tiempo a una entrevista de trabajo a la que, aunque aún no tenía forma de saberlo, nunca llegaría a presentarse.

Pasó por delante de aquella librería y casi de reojo, sin detenerse, echó un vistazo. Pero entonces algo llamó su atención y se frenó en seco al leer el título de aquel libro en el escaparate: *El abrigo naranja*. Y debajo, en letra más pequeña, el nombre del autor: Pablo Martín. Sí, no había duda, aquel era su libro. Casi sintió rabia de verlo allí expuesto, de enterarse *así* de que lo habían publicado. Fue como si hubiese descubierto a alguien con su coche robado o a su pareja en la cama con su mejor amiga.

Entró sin titubear, dejándose llevar por un impulso superior a cualquier otra fuerza opuesta, a cualquier posible intuición de que aquello era justo lo que no debía hacer. Ni siquiera meditó lo que estaba haciendo, simplemente quería ese libro para ella y lo quería ya, como si fuese el último ejemplar disponible en toda la Faz de la Tierra, como si fue el Único. Lo hojeó mientras esperaba a que le cobrasen y ni siquiera quiso que se lo pusiesen en una bolsa. Salió con él en la mano y lo volvió a hojear parada en mitad de la calle. Miró el índice. Sí, allí estaban todos: *El abrigo naranja, Los amantes de Santiago, Los ojos del mundo, Los mil lados de la realidad* y *Peter Pan en mi ventana.* Pero había un relato más que ella no recordaba. Y era imposible que lo hubiese olvidado. Había leído el libro más de diez veces en los últimos ochos años. Unas maldiciéndose, otras consolándose, a veces convenciéndose de que había hecho lo correcto; la mayoría, sin embargo, añorando una nueva oportunidad para hacerlo todo de otra manera. No, nunca podría haber olvidado siquiera un pasaje de aquel libro por lo que un relato entero era completamente imposible. Pero allí estaba, al final de todos los demás, como un extraño apéndice, como un discreto invitado sorpresa. Un relato con un título tan escueto como elocuente: *Noviembre.*

¿Qué diablos significaba aquello? ¿Sería sobre ella sobre quién hablaba? Era vanidoso pensarlo pero casi sintió una especie de cólera porque un intruso hubiese compartido páginas con ella. Aquellos eran sus relatos y se prometió que maldeciría eternamente a Pablo y rompería todo lo que guardaba escrito por él si *ese otro* relato no se refería a ella.

Decidido: tenía que leerlo ya, no podía esperar a llegar a casa ese mediodía. Sin embargo, hacía viento y el día era desagradable. El metro. Sí, se metería en el metro y, aunque acabaría dando un poco de vuelta, tendría tiempo de sobra para leerlo. En realidad, no se bajaría hasta que lo hubiese hecho.

Entró por una de las bocas de San Bernardo y esperó paciente unos minutos. *"Aguanta, hasta que no esté dentro, sentada, no lo empezaré. No quiero que nada me interrumpa"*. Se dijo a sí misma conteniendo a duras penas sus ansias. Cuando llegó, corrió a coger un sitio al fondo del vagón y allí se arrebujó contra las frías paredes. Con las manos temblándole en una mezcla de temor y expectación, abrió el libro por la página donde empezaba *Noviembre*. Pero entonces le invadió una nueva inquietud. Colocó la mano señalando la hoja y cerró el libro parcialmente. De repente no estaba segura. Le había llevado un tiempo pero había conseguido sacar a Pablo y el recuerdo del tiempo compartido, de su vida. Aún quedaban pequeños retazos, como el libro encuadernado caseramente e impreso en folios, o sus dos novelas publicadas en las estanterías del salón, o algunas fotos de él, y de algunos otros de los que tampoco ya sabía nada, como Víctor o Irene. De repente le vino a la mente la imagen de todos ellos, riendo y disfrutando, en la cafetería de la facultad o en algún bar de Malasaña, hace muchas vidas. Decidió entonces que era mejor que se pusiese a leer de inmediato, antes de ser fustigada por sus ya escasos recuerdos vivos. Incluso por los que parecían adormecidos desde hacía años. Abrió de nuevo el libro y esta vez sí, esta vez empezó a leer.

Andrea no sabía de su existencia. Cuando Pablo le regaló aquel libro, el último de los relatos aún no era más que una diminuta idea germinando en su mente y, de hecho, habrían de pasar aún un par de años para que comenzase a escribirlo. Pero Pablo no tenía un par de años, ni siquiera un par de semanas. Pablo sentía una injustificable urgencia por entregarle a Andrea aquella extraña colección de relatos, en parte porque el espíritu infantil y romántico de Pablo creía firmemente que con ello conseguiría volver a juntarse con Andrea, que a través de aquellos cuentos conseguiría lo que más deseaba, lo único que ya anhelaba: el Amor de Ella. Y como no hay mayores premuras que las que dicta el corazón, Pablo descartó la posibilidad de esperar a tenerlo terminado y le entregó el libro incompleto a Andrea. Además, ella se marchaba de vacaciones y estaba convencido de que para cuando volviese sería demasiado tarde. Así que imprimió los otros cinco relatos, los llevo a encuadernar y como colofón a su plan maestro, le escribió, a mano, una carta que incluyó entre las hojas del libro. Y se lo dio a Andrea la tarde antes de que ésta se marchase a la costa.

Como el efecto de aquel libro sobre Andrea y sobre la relación entre ambos forma parte de la trama de esta historia, el lector habrá de esperar hasta más adelante para tener conocimiento de lo que sucedió a raíz de que Andrea recibiese este insólito regalo.

Como ha quedado apuntado antes, Pablo tardó todavía un par de años en dar salida a aquel relato que entonces tan sólo era un lejano y sordo murmullo en su cabeza. Cuando por fin se decidió a escribirlo, lo hizo más por la imperiosa, casi enfermiza necesidad que, desde que había empezado a escribir, había sentido de dar salida a todas aquellas historias que, por un motivo u otro, acababan anidando en su interior.

Pese a que Pablo y Andrea seguían manteniendo por aquel entonces una estrecha relación, hubo motivos, causas que justificaron que ella no llegase a tener noticia de la existencia de este relato. Aquel lector que, llegados a este punto, crea que Pablo y Andrea habían vuelto a ser pareja, considerará que Pablo no necesitaba mostrarle el relato a Andrea pues sin él había obtenido lo que buscaba. Sin embargo, el lector pesimista que apueste por una perpetua separación habrá de aventurar que si cinco relatos cuidadosamente encuadernados no habían conseguido ablandar las durezas del corazón de Andrea, poco podría hacer un único relato, por muy bueno que fuese, de modo que no había motivo alguno para dárselo, no había razón alguna para seguir apaleando a un animal muerto.

El caso es que Andrea no supo nunca de su existencia. Por lo menos no hasta aquella mañana de ocho años después. Diez años justo si contamos desde el día que habían empezado a salir juntos. Un 5 de noviembre de muchos años más tarde Andrea caminaba una gris y desapacible mañana por una céntrica calle cuando, de repente y casi sin percatarse inicialmente de ello, topó con *su* libro, el libro de Andrea: *El abrigo naranja*.

Andrea no pudo seguir leyendo, el corazón le dio un vuelco y las pulsaciones se acercaron alarmantemente a la *zona roja*. Un escalofrío recorrió su espalda y todo su cuerpo se estremeció. Las manos le temblaron hasta el punto de que el libro estuvo a punto de caérsele de las manos. ¿Qué era todo aquello? ¿Una especie de broma pesada, casi macabra? Pero... ¿cómo podía estar preparada una broma así sin contar con ella? No, no. Era imposible, no podía tratarse de una broma. Aún así miró a su alrededor buscando alguna señal, un indicio que pusiese de manifiesto que estaba siendo objeto de algún tipo de jugarreta. Pero todo era extraordinariamente vulgar, corriente. Los pasajeros, el vagón, los túneles... todo. Miró el libro y empezó a dudar sobre si sería el propio libro era el que estaba jugando con ella. Lo abrió titubeante y prosiguió.

La vida de Andrea se había convertido en aburrida, monótona. Precisamente en todo aquello de lo que ella había huido cuando se separó de Pablo. Y ahora se había encontrado con todo, como una especie de castigo del Destino. Cuando tomó conciencia de ello, de que su vida cada día se parecía menos a lo que una vez había soñado, comenzó, casi por instinto, a revivir los momentos más felices de su aún breve existencia, como aquellos en que ellos dos juntos, Pablo y Andrea, borraron del mapa al resto de la ciudad. Los tiempos en que, sin ser excesivamente conscientes de ello, habían corrido hacia un final digno; no hablamos de feliz, tan sólo digno. Tuvo que reconocer que fueron aquellos tiempos en los que lograron vivir en el País de Todas las Mañanas y en los que lograron derrotar una y otra vez a los *Hombres-sin-rostro* que, infructuosamente, se presentaban cada noche en sus sueños para salir, una y otra vez, escaldados, que no escarmentados. Se maldijo entonces por haber desperdiciado todas las oportunidades que Pablo le había dado para que volviesen a intentarlo. Lamentaba sobremanera no haber hecho aquel viaje a Santiago de Chile en el último verano del siglo. Los dos juntos. En parte por orgullo, porque no quería que Pablo gastase el dinero de aquella suculenta indemnización en ella, que creía no merecerlo. Ni el dinero, ni por supuesto a Pablo. Pero en gran parte por miedo, por temor a enamorarse definitivamente, por temor a que el viaje a

Santiago resultase acabando un viaje sin regreso. Un viaje con la maleta vacía. Un simple sueño. Lamentó durante mucho tiempo no haber saltado del alfeizar de la ventana de la mano de *su* Peter Pan cuando éste vino a buscarla miles de noches atrás.

Y finalmente lo que había acabado lamentando era haber sacado a Pablo por completo de su vida. La persona que mejor la había tratado, la que más la había querido, la que sin duda alguna habría dado todo por ella. Jamás se volvió a encontrar con nadie así. Y empezó a pensar que quizá por eso aún estaba sola. Porque llevaba años conviviendo con un fantasma. Con el tiempo, de hecho, se había acostumbrado a su soledad y hacía mucho que creía no necesitar a nadie a su lado, que prefería estar sola. Tuvo experiencias con otros chicos, cada vez menos o cada vez más breve, sería más exacto. Pero ninguno volvió a suponer para ella lo que en su día supuso Pablo. Hasta había desestimado una propuesta de matrimonio...

Un nuevo escalofrío recorrió toda su espalda, todo su ser, haciendo que hasta el último de sus músculos se estremeciese. Aquello ya era demasiado. ¿Cómo? No podía ser que Pablo hubiese sabido tanto de su vida por anticipado. De hecho era como si Pablo y Dios se hubiesen puesto a escribir el guión de su vida mano a mano, como si Dios le hubiese dicho a Pablo, *"esto es lo que le va a pasar a Andrea. Escríbelo y le harás pasar un rato inolvidable. Porque lo leerá cuando le esté pasando realmente. Tú sólo tienes que escribirlo y yo me encargo de ordenar las piezas de forma que todo encaje como en un increíble y maravilloso juego de Azar".*

Dudó sobre si realmente era conveniente que siguiese leyendo. Empezaba a pensar que podía ser hasta peligroso. Admitió, no sin reservas e intentando mantener una mente lo más abierta posible, que en el hecho de adivinar las sensaciones que Andrea iba a experimentar, los diferentes estados de ánimo por los que iba a pasar a lo largo de esos años podían ser en parte fruto de la casualidad y en parte la consecuencia lógica de lo bien que Pablo la conocía y de un notable ejercicio de perspicacia y empatía. Pero lo de la librería, lo de la fecha exacta, lo de la propuesta de matrimonio... no, era todo demasiado casual. Algo verdaderamente anormal estaba pasando. Las Leyes Fundamentales por las que se regía el Universo se estaban resquebrajando y ella se hallaba en el epicentro de toda aquella vorágine de acontecimientos.

Y sin embargo, en contra de toda prudencia, siguió leyendo.

...y lo que más lamentaba era no haber sido totalmente sincera. Que Pablo, al final, se fuese creyendo que había significado para ella menos de lo que había significado. De todos los chicos y hombres con los que había estado y de todos con los que habría de estar, él era el único que aún se le aparecía en los momentos difíciles y el único que le hubiese gustado tener cerca siempre, fuese de la forma que fuese. Quizá por eso, porque no lo tenía físicamente, guardaba todo lo que él, alguna vez, le había escrito. Y en los peores momentos, en aquellos instantes en que todo le parecía estar por encima, en los que se sentía al final del camino, lo releía, para recuperarle, para recuperar su imagen, sus caricias, sus consejos presuntuosos y sus palabras llenas de cariño, sus enfados y sus besos, todo lo que le había convertido en el Hombre de su Vida.

Pero ella le había hecho esperar demasiado. Él le advirtió que esperaría un tiempo pero no siempre, y ella estiró de la cuerda hasta que una tercera persona, ajena a Andrea y muy próxima a Pablo, la rompió y se lo llevó de su lado para siempre. O esa era lo que ella creía. Desde entonces, la distancia entre ambos se fue agrandando y para cuando Andrea encontró *su* libro en aquel escaparate daba por supuesto que Pablo y aquella chica seguían juntos. Que, de hecho y a buen seguro, estarían casados y puede que hasta tuviesen un hijo.

Pero lo que Andrea ignoraba era que el Destino estaba a punto de atacar su último acto, el brillante, estruendoso e insospechado desenlace de su Gran Obra Magna. Ignoraba que el Gran Viaje se aproximaba a toda velocidad a su última parada y que, quizás ese Dios juguetón, ahora misericorde, había dispuesto todo para concederle una última oportunidad. La verdadera, la que habría de valer para sacar el tren de aquel túnel para siempre o para descarrilarlo de una vez por todas.

Cerró el libro de golpe. Sintió deseos de estrellarlo contra el suelo, de destrozarlo en mil pedazos y salir huyendo de aquel maldito vagón. Si alguna vez volvía a ver a Pablo le mataría, le arrancaría la cara con sus uñas. No tenía ningún derecho a hacerle pasar por todo aquello. Y, sin embargo, se detuvo en seco porque en un momento de extraña lucidez pensó que ya estaba viviendo dentro del libro y que si de verdad lo rompía, se esfumaría con él esa última oportunidad de la que hablaba antes siquiera de presentase. Puede que incluso ella misma desapareciese sin dejar rastro alguno y sin que nadie llegara a echarle de menos realmente. No, tenía que llegar hasta el final, tenía que seguir leyendo. Sólo acabando el relato podría saber la verdad, sólo leyendo todo el relato entero sabría lo que estaba pasando, derrotaría a su Destino, a todas las Fuerzas de la Razón que ahora parecían impulsarla a abandonar a toda prisa aquel vagón. Estaba decidido: la única salida posible era ya a través de las páginas que tenía entre sus manos. Lo demás no eran sino huidas a ninguna parte.

Poseída entonces por una extraña y renovada calma, impulsada por una especie de fuerza invisible que le transmitía la certeza de que debía continuar, abrió el libro una vez más y siguió leyendo, esta vez con la intención de llegar de una vez hasta el final.

Para Pablo, Andrea siempre fue la chica de su vida, incluso su musa. Años más tarde seguía recurriendo a ella siempre que quería escribir. Era la fuente de todas sus creaciones. Quizá por eso había un poso amargo en todo lo que contaba. Quizá porque había conseguido casi todo lo que esperaba de la vida menos lo único que de verdad necesitaba, quería y de verdad habría pedido siempre: a Ella. Su primera chica y desde entonces la Única.

Durante un tiempo lamentó no haber aparecido en otro momento y, sobremanera, no haber sabido esperarlo. No haber tenido la paciencia de esperar el momento en el que sí pudiesen estar definitivamente juntos y nada se interpusiese entre ellos. En vez de eso, había intentado precipitar las cosas una y otra vez, le dio libertad para elegir pero le obligaba a hacerlo. Así que mucho tiempo después aún se castigaba creyendo que toda la culpa había sido suya. *"Tenía que haber esperado, tenía que haber esperado"*, se repetía una y otra vez, como una suerte de maldita letanía. Pero a menudo pensaba que, en realidad, siempre fue demasiado tarde.

Aún así, quizás por su mente ensoñadora, por no haber sido nunca un *Hombre-sin-rostro* del todo, pensaba que algún día, al subirse al metro, ella estaría en el asiento de enfrente. Y entonces tendrían una oportunidad más, quizás la última, sí, a buen seguro que sería la última, pero una oportunidad que no dejarían pasar. Quizá por todo eso aún soñaba con que una noche, en Cibeles, se encontraría con la hermana de Andrea, que le diría donde encontrarla y él iría a buscarla para quedarse a su lado para siempre. Quizá por todo eso, por todo lo que sentía, porque inexplicablemente siempre creyó que no debía hacer nada que le apartase definitivamente de ella, era por lo que, ocho años más tarde, aún seguía solo. Hubo otras chicas pero el miedo a que un posible compromiso le impidiese volver con ella cuando aquella segura última oportunidad se presentase, le impidió avanzar en todas sus relaciones hasta contaminar incluso algunas de sus amistades. No hacía tanto tiempo que había tenido muchas amigas, entre las que estaba Andrea. Pero cuando ella se fue, las demás fueron desapareciendo paulatinamente, de forma absolutamente discreta. Y a día de hoy apenas quedaban un par de ellas, las más incondicionales. El resto se habían perdido en la noche de los tiempos y ya sólo estaban en sus recuerdos, en algunas canciones y en unas cuantas fotos.

Andrea sintió que se acercaba al punto final, le quedaban dos párrafos y la solución no parecía presentarse. Tenía miedo de que, finalmente, todo fuese una especie de broma y que aquel libro no tuviese el enigma resuelto, la contestación de todas su preguntas y ya no sólo de aquellas que se referían a Pablo. Por una extraña razón, comprendió que en cuestión de minutos había confiado su futuro más inmediato a lo que aquellas páginas le dijesen. Y se dio cuenta de que hubiese sido la primera vez que Pablo la defraudaba desde unas hojas. Sí, hizo algunas cosas mal, pero siempre que cogía un papel y un bolígrafo y se desnudaba para ella, conseguía conmoverla y jamás la defraudó. Así que confió en él con la certeza de que si lo dejaba en ese punto era posible que pudiese seguir con su vida actual, pero que si llegaba al final, habría llegado al Auténtico Final, al cruce de caminos donde su vida, por fin, empezaría su definitivo recorrido.

Andrea, nerviosa, creía no poder soportar el peso del libro sobre sus manos. Era como si cada letra, cada palabra fuese una criatura a la que mantener, criar, alimentar, educar y enseñar a vivir por su cuenta. Y todo eso suponía demasiada carga para ella. Estaba muy nerviosa, excitada ante la luz que por fin creía ver al final del túnel de los años. De repente recordó la visión que dicen tener los que han vuelto de la muerte de un túnel con una luz al fondo. Supuso que esa era la solución a todo. No la muerte, claro está, sino la luz. Quizá el paraíso, quizás el País de todas las Mañanas, seguro que ambas cosas pues ¿no eran, en el fondo, lo mismo? Quiso correr hasta ella así que apuro las últimas líneas del libro hasta llegar a ese destello de luz a través de aquellas palabras. Azorada, también comprendió de pronto que tras la luz estaba él, por última vez. Y que la luz estaba dentro de aquel vagón. Que sólo tendría que levantar la vista y encontrarse de frente con su pasado y con su futuro, con toda Su Vida. Sólo tendría que levantar la vista para encontrase con Pablo. Y sin embargo sintió pánico, un terror como no había experimentado jamás. Sabía que si levantaba la vista y él no estaba allí, todo se habría esfumado para siempre y no creyó tener fuerzas para no abandonarse hasta el final de sus días. Por eso contempló el libro unos segundos en silencio, sin leer una sola letra, sólo decidiendo si se atrevía a levantar la vista y se enfrentaba a la auténtica verdad sobre su vida.

Andrea tembló, esta vez no sólo las manos, todo su cuerpo se estremeció como sacudido por una potente corriente. Por primera vez tuvo verdadero miedo de cerrar el libro. Él tenía que estar allí, si Pablo no estaba en aquel vagón, nada habría tenido sentido. Pero no de aquella mañana, sino de toda su maldita vida. Todo habría sido una comedia barata con un burdo final. Pero los ojos le pesaban y deseo poder quedarse eternamente viviendo en aquel último párrafo.

Temblorosa, poseída por una especie de pánico casi suicida, terriblemente excitada, al borde de la taquicardia y con las manos viviendo una vida independiente a la del resto de su cuerpo, levantó la vista. Sonrió, suspiró y lloró ligeramente, se levantó y, poseída por una sensación de haber llegado al mundo en ese mismo instante, pronunció casi en un susurro su nombre y se acercó a él, lo abrazó y se abrazaron y se quisieron. Durante muchos, muchos años. Durante una Vida Entera.

Andrea, temblorosa, poseída por una especie de pánico casi suicida, terriblemente excitada, al borde de la taquicardia y con las manos viviendo una vida independiente a la del resto de su cuerpo, levantó la vista. Sonrió, suspiró y lloró ligeramente, se levantó y, poseída por una sensación de haber llegado al mundo en ese mismo instante, de ser dueña de sí misma por vez primera en su vida, de haber llegado por fin al País de Todas las Mañanas, se dirigió a Pablo, que, pensativo en su asiento, no se había fijado aún en ella, y con toda la dulzura de la que fue capaz le dijo:
-Aquí estoy –y le dejó el libro sobre su regazo. El levantó la vista, la miró desconcertado, tembló y creyó haber acabado El Viaje cuando Andrea se inclinó y lo besó como hacía años que no lo habían besado. Como sólo una vez lo besaron. Hacía ya demasiado tiempo.

SEGUNDA PARTE:

LA MONTAÑA DE JUGUETE

LA MONTAÑA DE JUGUETE

Vuelvo a agarrarme a las manetas del freno después de ir un rato apoyado en la parte alta del manillar. Necesito descargar, aunque sea durante unos segundos, parte del peso de mi cuerpo en los brazos, por mucho que respire un poco peor en esta posición. Además, seguro que quinientos metros más adelante volveré a agarrarme a la parte alta del manillar. Cualquier cosa con tal de disimular que ya no sé como ponerme. Miro de reojo hacia arriba con la esperanza de no poder ver lo que aún nos queda. Pero lo veo. Ya lo creo que lo veo. Maldita montaña.

Saco el bidón de agua, doy un minúsculo trago, me mojo la nuca y supongo que el agua que me chorrea salpica mis piernas aunque no logro sentir nada. Además, la poca que he tragado me ha caído como un puñetazo en el estómago. Siento una especie de punzada de dolor en la parte alta del vientre y me aguanto las ganas de eructar porque no sé si voy a vomitar todo lo que he ingerido en las últimas horas o si sólo soltaré unos pocos gases.

Te tiendo el bidón sin volverme a mirar pero mi brazo cuelga inmóvil durante unos segundos así que me giro y veo como me dices que no moviendo la cabeza de forma casi imperceptible. Si lo hubieses necesitado, te habrías tirado a por él. A no ser que vayas aún peor que yo, cosa que me cuesta creer, y no te atrevas ni a soltar el manillar. Y es que no creo que se pueda ir más al límite de lo que ahora mismo estoy yo sin caerse de la bici.

Me deshago del incómodo peso del bidón tirándolo a la cuneta aunque aún quede más de la mitad. Me siento más ligero. Es una ilusión, lo sé, pero me da renovados ánimos.

Me he quedado con la expresión de tu cara. Ya no la tengo delante de mí pero me parece estar viéndote todavía. Me ha parecido que ibas tocado, y puede que sí, que hasta peor que yo. Aunque también puede que, si viese mi propia cara ahora mismo, ni siquiera me reconociese. Pero a ti, sin embargo, te he visto en esta misma situación cientos de veces y creo conocer de sobra la expresión que acabo de contemplar y creo saber cuando no puedes más. Y estoy casi seguro de que ahora estás a punto de no poder más. Que estás a punto de reventar. Llevas las gafas negras y no puedo verte los ojos. Ni yo ni nadie. Sin embargo la forma en que llevas la boca entreabierta, con esa especie de baba blanca seca en los labios, te delata. Los dos necesitamos, con urgencia, que suceda algo extraordinario.

Estoy seguro de que sólo has visto el bidón de reojo, de que, desde el mismo momento en que empezamos a subir esta maldita montaña, llevas la vista clavada en la cima. Sin bajarla un instante. En ese sentido puede decirse que vas mejor que yo, que no soy capaz de sostenerle la mirada ni siquiera a la próxima curva. Sólo me refugio en el siguiente metro que recorreré mientras estoy seguro de que tú vas hablando con la montaña. La vas desafiando. Empiezo a imaginar, casi sin proponérmelo, ese monólogo absurdo que seguro llevas kilómetros manteniendo con ella. *"¿Qué? ¿Esto es todo lo que tienes? Ya, ya sé que mañana yo no estaré aquí y tú sí pero hoy eres mía. Hoy mando yo"* irás murmurando. Por lo menos me llevas ventaja en cuanto a arrogancia, que ya es algo.

Siento una dentellada en las piernas, me clavo. Doy un bandazo que desde fuera puede parecer provocado por el enorme tumulto por el que nos movemos. La gente se agolpa a ambos lados de la carretera y nos dejan un estrecho pasillo que no alcanza más que para una bicicleta. Banderas francesas, italianas, belgas, ikurriñas, holandesas, cientos de banderas holandesas. Al fin y al cabo estamos en su montaña. Hoy somos intrusos en casa ajena.

Casi me caigo contra el público. Nadie lo ha notado, ni siquiera se habrá visto en televisión. Pero sé que tú sí lo has notado. Estoy seguro. Por eso miro de reojo y, como suponía, veo tu sombra entrar por la parte izquierda de la carretera. No tengo ni idea de cómo has podido encontrar un hueco para pasar en medio de esta marabunta. *"Vaya líder de mierda"* me dices al adelantarme. Intento esbozar algo parecido una sonrisa, aunque sólo me sale un gesto extraño, como una mueca. No entiendo cómo tienes ganas de bromear en esta situación y, sobre todo, cómo tienes reflejos y fuerzas para hacerlo.

Y es la tercera vez en el día que logras sacarme una sonrisa. La primera fue cuando estábamos a punto de empezar la etapa. Me había logrado aislar un poco de la prensa y los aficionados para buscar la concentración necesaria. Tú te acercaste por detrás. *"¿Estás preparado para que te deje fuera de control?"* me dijiste con una sonrisa y echándome el brazo por el hombro, de esa forma tan característica en que lo haces, sin dejar claro si se trata de la mitad de un abrazo o de la mitad de un estrangulamiento. *"No tienes huevos"* te contesté yo, bromeando también. *"Si quieres ganar esta jodida carrera sin problemas, vigila mi rueda porque hoy la voy a liar"* dijiste mucho más serio de repente. Y te fuiste. Y me dejaste con la duda. Me pareció que no era bravuconada, que no era sólo una broma. Me pareció que me estabas dando un auténtico aviso. Por eso me he pasado todo el Galibier vigilándote de reojo. Estabas nervioso, inquieto, deseando que pasase algo. Hasta que ha pasado. Te metiste en la escapada buena y a mitad de ascensión a la Croix de Fer ya ibas solo. Fue el director del equipo quién me lo dijo. Se acercó a mí y me advirtió sobre el francés, *"cuidado, que va bien"*, también me informó de que el italiano, que se había quedado en el último kilómetro del Galibier, llevaba un minuto y veinticinco segundos de retraso. Y justo cuando se iba a marchar me ha dicho más tranquilo, como si no nos importase a ninguno de los dos: *"Ah, tu hermano ya es cabeza de carrera en solitario. Veinticinco segundos. Sin atacar, los ha reventado. Va como una moto, el tío"*. Yo he asentido con la cabeza, dándole a entender que había recibido el mensaje. Y entonces lo he visto todo claro. *"Hoy la liamos, Charlie, hoy la liamos. Los dos"* he pensado. He echado unos cálculos rápidos y he puesto a tirar al equipo para purgar el grupo, para generar fatiga. Y de paso para desanimar a todos los que iban delante. A todos menos a uno.

Cuando hemos llegado arriba sólo había motos, coches y un minuto cuarenta y ocho entre tú y nosotros. Entonces he aprovechado un momento de relajación, a unos pocos metros de la cima y he salido a por ti. Nadie me ha seguido. No sé si ha habido miedo o sorpresa. En realidad me importaba bastante poco. Sabía que era el momento. *"Si llega a pie de puerto solo, no lo coge ni la Gendarmerie"* he pensado. *"Así que tenía razón. Hoy es su rueda la buena"* he concluido después. Ya la habías liado. Me he lanzado en el último descenso del día a por ti, quería cogerte, hacer la última ascensión juntos, en cabeza. Sabía que me esperarías, que cuando supieses que iba en solitario, detrás de ti, levantarías un poco el pie del pedal, bajarías el ritmo y aprovecharías para comer hasta que yo llegase. Pero que una vez que salieses de Bourg d'Oisans, cruzases el puente y girases a la izquierda, no mirarías para atrás hasta la meta.

Ni siquiera he pensado en la posibilidad de que fuese a llevarme a alguien. No sé porque lo he hecho, me refiero a ir a buscarte. Pero lo he hecho y ya no había marcha atrás. *Kembeo kenmaro. A tumba abierta.*

Antes de llegar a Bourg d'Oisans ya íbamos juntos, menos mal. Ahí ha sido el momento en el que me has sacado la segunda sonrisa del día. Cuando me he puesto a tu lado, me has mirado. *"Joder, creí que ya no venías. Como mamá te haya visto bajar te la vas a cargar".*

Mamá. ¿Habrá visto el descenso? Espero que no, sinceramente. Ahora recuerdo un par de curvas en las que he estado a punto de irme al suelo por pasarme de frenada pero la adrenalina que liberaba por el miedo me hacía arriesgar más aún en la siguiente curva. *"No tiene sentido"* solía decir ella cuando lo veíamos por la tele. Se refería al riesgo y al sufrimiento. ¿Tendrá sentido ahora para ella? Me imagino que mucho menos. En cualquier caso, deseo que no haya visto el descenso. ¿Qué habrá pensado al ver que bajaba en plan suicida para cogerte? ¿Qué pensará al ver a *sus niños* en cabeza de carrera al pie de la montaña que aprendimos a admirar y respetar todos juntos con los Tours de Perico y de Indurain? Si el miedo que aún debe tener metido en el cuerpo desde que empezamos a bajar le ha dejado hueco, seguro que se siente orgullosa. Seguro que está medio llorando. Mamá es así. Llorará un poco por miedo y un poco por orgullo. Al revés que papá que se sentirá tan orgulloso que no podrá tener miedo. Una extraña mezcla la del miedo con el orgullo. En cualquier caso, hoy parece la mejor de las gasolinas.

"Vaya líder de mierda". "Serás cabrón" he mascullado entre dientes cuando te has puesto a tirar. Parece que

vas fuerte. *"Como una moto"* pensará el director y todo el mundo que te vea. Mamá, sin embargo, seguramente si sepa lo mal que lo estás pasando. Y yo también. Ella porque te ha parido, *"porque las madres sabemos esas cosas"* respondía cuando la interrogábamos después de descubrirnos una debilidad en carrera que nosotros nos habíamos esforzado en ocultar llegando a engañar incluso a nuestros propios compañeros.

Yo lo sé porque ya no puedo contar los kilómetros que he hecho contigo, las montañas que hemos subido y las pájaras que hemos cogido juntos, a veces al mismo tiempo. Y sin embargo no dejas de mirar hacia arriba. Qué soberbio has sido siempre encima de la bici. Mejor dicho, como te ha gustado aparentar soberbia para camuflar tu inseguridad. En el fondo sigues actuando como un niño. Crees que porque desafíes vehementemente a la montaña ella se rendirá, claudicará ante tu supuesta firmeza y doblará las rodillas pidiendo perdón por haber sido capaz de, durante un momento, haberte desafiado ella a ti. Que porque la mires fijamente, suavizará sus rampas, colocando una alfombra roja para que tú le perdones su osadía porque a ti nadie te desafía, ¿verdad? Si has dicho que hoy era tu día, es porque lo iba a ser. Y un montón de roca, tierra y polvo no podrá decir lo contrario.

Me pasa por la cabeza la idea de reponer unas pocas fuerzas y darte un hachazo. Salir para arriba como una moto y demostrarte que la arrogancia nunca es buena. Pegarle un buen tajo a tu soberbia para que seas más humilde. Para que estés preparado el día que la montaña te mantenga la mirada y tú tengas que bajarla, consciente de que no siempre la vas a ganar, que, de hecho, casi nunca lo harás. Quizá sea eso lo extraordinario que debe pasar.

Pero no puedo. No tengo fuerzas para hacerte eso. En realidad, tengo las fuerzas justas para seguirte. Creo que hoy tu soberbia podrá sobre la lección de humildad del hermano mayor. Al fin y al cabo, estamos en tu montaña. Tu montaña. ¿Desde cuándo ésta es tu montaña? Ahora lo recuerdo, sí. Fue cuando teníamos once o doce años y empezábamos a amar el sufrimiento sobre la bici. Sí, recuerdo la cuesta que había detrás de casa, a medio camino entre nuestro portal y la tienda de mamá. No debía de llegar ni al seis por cien. Un auténtico muro para nuestras últimas bicis de paseo antes de las primeras de carretera. Aquel verano la subíamos dos o tres veces cada día. Mamá no nos dejaba ir mucho más allá y nosotros convertimos aquella rampa en nuestro Alpe d'Huez particular. Tú confiabas en mí para improvisar la ruta cada día. Confiabas en mi ritmo. Sabías que nunca iría más deprisa de lo que pudieses soportar. Te quedabas detrás de mí, agazapado y aceptabas todas mis decisiones. Ahora por aquí, ahora por allá, ahora rápido, bajemos esa cuesta, paremos a comernos un helado.

Sin embargo, cuando subíamos aquella estrecha calle, no había jerarquías ni edades. Era tu cuesta, tú le habías dado nombre y te encargabas de recordármelo siempre. Esprintabas y llegabas el primero al paso de cebra que marcaba el final de la ascensión. Siempre era así. Y nunca me dejaste que te ganase. Cuando lo hice fue porque era más rápido o más listo que tú. Y te enfadabas de verdad, como aquel día, en que, después de que me hubieses ganado cuatro veces seguidas, te ataqué desde la calle de antes aprovechando que yo decidía el camino. Te pillaste tal rabieta que te paraste al pie de la calle y te bajaste de la bici. Empezaste a gritarme que me parase. Yo me hice el sordo y simulé estar muy concentrado en mi sprint. Cuando llegue arriba levanté los brazos para hacerte de rabiar un poco más. Me volví a mirarte y vi como te subías en la bici y dabas media vuelta. Te volviste a casa solo y estuviste el resto del día sin hablarme.

"¿Por qué el Alpe d'Huez?" te pregunté un día. Te encogiste de hombros. *"¿Por qué, qué?"*. *"¿Por qué es tu cima favorita? Están Los Lagos, Mortirolo, Galibier... el Tourmalet"*. *"No sé. ¿Por qué no? Quien gana en el Alpe, puede ganar en cualquier sitio, ¿no?"*. Así que llevas más de quince años esperando este día, desde aquel verano que nos inventamos un Alpe d'Huez de juguete.

"Jo, ¿te imaginas ganar en el de verdad?" te dije entonces, mientras descansábamos sobre la bici después de haber hecho apenas cincuenta kilómetros. *"Bufff"*. No fuiste capaz de pronunciar palabra. Años más tarde me confesaste que aquel día te prometiste que ganarías aquí algún día. No dijiste nada porque no querías que me riese de ti. Pero tu promesa era muy seria y la has llevado como un estigma durante años. Persiguiendo el día de hoy desde entonces. Tú y el Alpe solos. Cara a cara.

Te alzas sobre los pedales y aceleras. Parece que hayas recordado tú también aquel día y quieras vengarte de mí quince años más tarde. Soberbio si pero rencoroso no. Nunca lo fuiste así que imagino que te ha entrado una especie de angustia repentina ante la idea de que nos puedan coger y se te pueda escapar la victoria que tanto has esperado.

Te has girado dos veces para ver si te seguía. ¿Hemos vuelto a entrar en el juego de cuando éramos pequeños? Yo intento disimular mi estado no alterando la expresión de mi rostro y miro tu espalda. La referencia más lejana que ahora mismo soy capaz de tomar.

"¿Vas bien?" me dices cuando te vuelves por segunda vez. Asiento con la cabeza porque no puedo hacer otra cosa. Tú último acelerón me ha puesto al borde del K.O. Creo que te has dado cuenta porque te vuelves a sentar y bajas ligeramente el ritmo subiendo una corona.

Me siento mal. Y no sólo físicamente. Moralmente. Seiscientos metros atrás iba pensando en darte una puñalada y ahora tú me marcas el ritmo, claramente inferior al que puedes llevar, para mantenernos juntos. *"Lo único que quería era picarle"* me excuso ante mí mismo.

He recuperado algo de aire. Un par de bocanadas y unos trescientos metros a este ritmo más suave y ya me siento mejor. Me engaño a mí mismo y me digo que el mal momento ha pasado. Y me decido a probarte. No se trata de ganarte, sólo de cabrearte. Tengo la certeza de que hemos entrado en una mala dinámica y, de que, si seguimos a este ritmo, perderemos la ventaja que llevamos. Y no puedo dejar que pierdas esta etapa. Por eso quiero darte fuerzas para que llegues arriba y creo que atacando tu orgullo de ciclista lo lograré de forma más eficaz, así que apuesto por una reacción química del cuerpo a un inesperado estímulo externo. Por eso apuesto todo a que justo lo que menos esperas que suceda es lo que más necesitas. Aprovecho la salida de la curva seis y me pongo de pie, quito un diente y salgo por tu derecha. Tú miras aturdido a todos lados. Seguro que era lo último que esperabas. Atacado por tu hermano en el día más importante de tu vida profesional. Apuesto la victoria en París a que te acabas de acordar del día en que te gané en nuestro Alpe d'Huez de juguete.

"Pero hoy estamos en el de verdad, Charlie. No estamos solos y no te puedes volver a casa con la rabieta. Vamos, revuélvete y sal a por mí". Mamá seguro que lo ha entendido. Ella sabe perfectamente cuál va a ser tu reacción y aplaudirá mi decisión. Papá, sin embargo, más torpe para estas cosas, estará pensando que estoy loco o simplemente, que soy un ruin. *"Pero qué hace este gilipollas, que se deja a su hermano"* le gritará a mamá señalando la pantalla. Y mamá sonriendo le dirá, sin dejar de mirar la tele. *"¡Qué no, tonto, le está provocando! Ya verás como ahora le espera"*, responderá ella

Mamá siempre tiene razón. Me paro después de cuatrocientos metros infernales. Llegas a mi altura. Y no sólo porque yo te espere. Estás bien. Vas fuerte. Me doy cuenta que no es sólo soberbia lo que hoy te está llevando hacia arriba. *"¿Tú eres gilipollas?"* me espetas al pasar por mi lado. *"No puedes conmigo"* te digo y me vuelvo a alzar y, sin atacar realmente, acelero nuevamente hasta sentir millones de clavos en las piernas. Me miras aturdido, como sin entender lo que pasa. Mueves la cabeza negando la evidencia de lo que acabas de ver. No te lo crees. Debes de estar pensando que el calor y la fatiga me han vuelto loco de remate. Pero estás terriblemente excitado. Seguro que tu organismo segrega la adrenalina suficiente para mantenerte erguido sobre la bici dos o tres días más.

Te levantas y aceleras tras de mí. Era justo lo que preveía, estaba preparado para esto, de modo que aceleró detrás de ti. Si pudiese, sonreiría. He conseguido lo que quería. Seguro que ahora mismo eres incapaz de tener un pensamiento lógico, que tu cabeza sólo reproduce imágenes e ideas de forma incoherente, primero por el susto de quedarte sin la etapa y luego por el enfado. Sabes que conozco perfectamente lo que supone esta montaña para ti y no puedes entender lo que acabo de hacer.

Pasas en cabeza bajo la pancarta de cuatro kilómetros. Un infierno aún. Hemos ido casi quinientos metros más a sprint. Estás fuerte. Y loco. Loco por ganar aquí. Loco por demostrarme que nadie puede contigo en *tu montaña*, por muy líder del Tour que vaya. Por muy hermano mayor tuyo que sea. Aquí y ahora sólo estáis tú y la montaña.

Te sientas y la marcha se reduce un poco. Yo también me siento y subo un diente. Me relajo y logro dar dos bocanadas de aire. El tiempo justo que tú tardas en volver a izarte sobre tu manillar y acelerar la marcha nuevamente hasta llevarnos a los dos al límite de lo humanamente soportable. Estamos conociendo el auténtico sufrimiento. El sufrimiento físico, ese que se acerca a lo peligroso, al Absoluto.

"¡Se ha vuelto loco!" gritará papá. *"Qué listo es este niño, le ha provocado y ahora el otro va escopeteado"*. Mamá siempre más analítica. El resto del país, del mundo, asistirá desconcertado a la lucha fratricida que parecemos traernos entre manos desde hace poco más de un kilómetro. No entenderán porque te ataco, porque no te dejo ganar si yo estoy sentenciando la clasificación general. No entenderán porque ahora pareces empeñado en soltarme, en sacarme de punto. Pero no espero que nadie entienda nada, no lo he hecho para ganarme el respeto o el amor de nadie. Mi único objetivo está conseguido: he herido tu amor propio. He conseguido que quisieses soltarme. Que desees verme hundido. Creo que si volviese a atacarte, desearías verme muerto. Y eso que al empezar el puerto, allá por la cuarta o la quinta curva, yo he pasado un momento malo de verdad. Se me nublaba la vista y notaba el corazón en la garganta. Me he aproximado al abismo. *"Déjale que se vaya"* me ha dicho el director creyendo que me estaba cebando en seguir tu rueda y temiendo una explosión interior que me hundiese definitivamente. O, simplemente, que diese esperanzas a los rivales que venían por detrás. Lo oíste y te giraste a mirarme dos veces y subiste una corona. No pensabas dejarme allí, con el calvario de más de diez kilómetros infernales de subida por delante. Solo. Los dos sabemos lo que se sufre subiendo solo. Y mucho menos ibas a dejar que me cogiesen, porque entonces hubiese sido una presa fácil para el francés y

el americano, que parecen venir algo mejor que en la Croix de Fer.

Vuelves a acelerar. Aunque no he podido verlo, me da la sensación que has vuelto a bajar un diente. Si no fuese una utopía, pensaría que llevas el diecinueve puesto. En cualquier caso, bajo una corona yo también. El Infierno. Ahora sí, estoy convencido de que quieres que reviente siguiéndote. Me odias. Odias que te haya menospreciado. Odias que te haya traicionado. Ahora me parece mentira que, en el fondo, hayas caído en mi juego, que hayas sido tan inocente. Entonces me doy cuenta de que en realidad hoy estoy subiendo el Alpe d'Huez con el chaval de once años que no soportaba perder en la cuesta de detrás de casa y que unos pocos años después juró ganar aquí algún día. No ha cambiado nada. Te enseño la rueda por la derecha, me miras de reojo. Bosquejo una sonrisa. Te sientas. Ahora sí te has dado cuenta de lo que realmente pretendía cuando te he atacado casi dos kilómetros más abajo. Te adelanto y empiezo a marcar un ritmo más suave. Con más desarrollo. Los dos lo agradecemos. La carretera también se suaviza y todo se vuelve más calmo. Nos queda algo más de un kilómetro de subida real. Luego, una vez en la Estación, será pan comido.

No sé cuando lo he decidido. Mejor dicho, cuando me he dado cuenta que tenía que ser así; pero he comprendido que no podíamos llegar juntos, que el último kilómetro lo teníamos que hacer por separado, que sólo estaría completo para los dos si llegabas solo, así que, unos metros antes de pasar por la pancarta de Premio de la Montaña, he subido una corona y mi pedaleo se ha vuelto farragoso, cuadrado. Te has vuelto porque he dejado que cojas un par de metros. Me esperas. *"¿Vienes?"* me dices cuando estás a mi lado. Niego con la cabeza. Me he quitado las gafas para que vieses los ojos inyectados en sangre por el esfuerzo. Quiero enseñarte el Alma de nuestra locura. *"¿Vas apajarao?"* me preguntas poniéndome la mano en el hombro y acercando tu cabeza a la mía. Vuelvo a negar con la cabeza y, en un intervalo que se me antoja una eternidad, te digo con un hilo de voz *"Ve. Tú solo"*.

Mamá seguro que se ha emocionado con el gesto de la mano sobre el hombro. Esas cosas siempre la enternecen. Sonríes con complicidad. *"Por separado"* habrás pensado justo antes de levantarte y acelerar. No pongo ningún empeño en seguirte. Los dos vamos a lograr lo que queríamos, tú doblegar a la montaña que tanto respetas por una vez en la vida. Suficiente. Una buena inyección de orgullo para tu desmedida soberbia el llegar arriba con todo el mundo detrás de ti. Yo conservaré el jersey que llevo. Mañana saldremos de los Alpes y sólo nos quedaran tres días para llegar a París. Habré doblegado la carrera que he amado desde aquel lejano verano del 87, cuando Perico estuvo a punto de ganarla por vez primera, cuando tú decidiste que el Alpe d'Huez sería tuyo. Cuando yo me prometí que ganaría el Tour algún día, aunque no dijese nada para que no os rieseis de mí. Por eso no me importaba que llegases siempre primero a aquel paso de cebra. A casa siempre llegaba yo primero.

Vas a ganar. Tú solo. Habrás llegado donde siempre soñaste estar y como siempre soñaste hacerlo. Esta vez no te volverás a casa con la pataleta de haber sido derrotado por un traidor.

Cien metros antes de llegar, en segunda posición, logro ver la marea humana que se ha formado a tu alrededor. Distingo los colores chillones de tu maillot. Imagino que algún periodista me preguntará porque dejé que te fueses, con lo bonito que hubiese sido entrar los dos hermanos al tiempo. Supongo que no me comprenderá cuando le explique que tenía que dejarte, que esto debías hacerlo solo, porque, de todas formas, cuando llegase yo, tú me estarías esperando detrás de la línea. Como siempre fue.

UNA VUELTA A LA HISTORIA

Saltaron al campo en pequeños grupos, parsimoniosamente, saboreando cada uno de los veinticuatro escalones que conducían a esa especie de templo pagano donde esa noche se debía desarrollar una de las mayores tragedias deportivas contemporáneas llamada Copa de Europa. Sintió un pequeño hormigueo en el estómago al contemplar, en toda su grandeza, el estadio vacío. Ni un alma, ni un murmullo, sólo el silencio y el eco lejano que producían los miles de hinchas que llevaban, desde primeras horas de la mañana, cantando y alborotando plenos de júbilo, por los aledaños del estadio. Recordó entonces la expresión con que alguna vez Mario Benedetti se había referido a un estadio de fútbol vacío: *Esqueleto de multitudes*, lo había llamado.

Había jugado más de cien veces en aquel estadio que, desde hacía no muchos años presentaba un aspecto todavía más sobrecogedor, casi claustrofóbico, con la monumental obra de remodelación a la que había sido sometido. Pero no por la costumbre dejaba de impresionarse cada vez que lo veía vacío, como ahora. Lleno, en noches parecidas a ésta, todavía no había vivido ninguna *como ésta*, aún resultaba más sobrecogedor.

Desde pequeño y durante toda su adolescencia soñó con que jugaba aquí, defendiendo los colores de este equipo y que era aclamado por un público que coreaba su nombre mientras él festejaba el gol más bonito de su vida que siempre estaba por llegar.

Saliendo del ensimismamiento de sus recuerdos juveniles miró a su alrededor más próximo y se sintió bien rodeado. Aquellos eran grandes futbolistas. Estaba ese danés que destilaba magia por cada uno de los poros de su cuerpo y que había llegado al terminar la temporada pasada, rodeado de una descomunal expectación pues su fichaje suponía, además, la victoria en una ardua y muy agotadora disputa con los principales equipos del continente. Su puesta en escena no pudo ser más espectacular: dos asistencias, un gol, un penalti provocado y un sinfín de detalles técnicos inigualables. A partir de ese momento, prensa y aficionado no dejaron de rendirle pleitesía.

También estaba su compatriota, la referencia de todos ellos en el campo, por posición y por carácter. Se conocían desde mucho antes de llegar a España y sabía, por ello, que aún podía esperarse más de su zurda enguantada, mágica; la mejor que había salido de su país desde los tiempos de Diego. Su explosión definitiva había llegado esta misma temporada, de hecho sonaba con fuerza para el Balón de Oro, y resultaba de lo más inspirador y estimulante ver como se entregaba hasta la extenuación en cada entrenamiento, como pasaba horas viendo videos de los más grandes de la historia para capturar cada detalle, para no dejar nunca de aprender; ver como revisaba hasta la obsesión cada partido intentando delimitar cuales habían sido sus errores, sobre todo los tácticos, los que menos soportaba cometer. Cuando llegó a España ya era considerado una de las grandes promesas del fútbol mundial, al menos en su demarcación, pero una serie de inoportunas lesiones musculares unidas a una muy desagradable polémica mediática que había pretendido enfrentarle con su compañero de equipo y rival por el puesto de titular, un peso pesado del vestuario que apuraba sus últimos años de profesional, con más amigos en la prensa que en el propio club, amenazaron con frenar su progresión e, incluso, durante unos meses, se habló de una posible cesión a algún club italiano, con el fin de que *madurara*, un muy poco sutil eufemismo de *"aquí no tienes hueco por ahora, chico"*. Sin embargo, capeó el temporal con profesionalidad y discreción y finalmente la evidencia del abismo futbolístico que le separaba de aquel longevo dinosaurio que ahora se ganaba sus últimos petrodólares en Rusia, se había terminado imponiendo.

Sintió una mano en el hombro derecho y cuando se giró se encontró con aquel jovencito que acababa de subir del filial y que era la nueva sensación del equipo, el ídolo local. La prensa, sedienta de nuevos estímulos con los que llenar portadas, lo había encumbrado de una semana para otra. Dos goles en su segundo partido, uno que valió la victoria en el tercero y otro doblete en una goleada de la intrascendente primera fase de la Copa de Europa, le habían convertido en firme aspirante al *Nuevo Tal* o el *Próximo Cual*, con esa manía tan periodística de buscar referentes en el pasado para cualquier nueva aparición. A menudo pensaba en él y en la duración de su fulgor. *"Qué no se cansen de ti igual de rápido o verás el infierno de cerca, chico"*. Conocía esa sensación muy de cerca, la había experimentado en su país, meses después de su deslumbrante aparición en el Torneo Apertura y luego de una mala racha goleadora en los primeros partidos del Clausura.

Algunos de sus compañeros comenzaron a volver al vestuario. Otra vez los veinticuatro escalones, aunque esta vez, en viaje de vuelta. El camino que menos le gustaba, abandonar el césped era, de siempre, abandonar su vida.

El entrenador comenzó a dar las últimas instrucciones a pesar de que todos conocían de memoria al rival. *"Cuidado con el once que es muy rápido y entrando a pie cambiado la rompe cada vez que la pega"* le advertía al lateral derecho. Como si ignorase que ya habían jugado tres veces sólo en ese año contra ese mismo rival, y que las tres veces el once le había amargado la noche al lateral. Viéndolo allí sentado, más ensimismado que atento a las redundantes instrucciones del *Míster*, deseo con fuerza el éxito de aquel chico que había perdido a su hermano y a su abuela en apenas un mes y que necesitaba la alegría de un triunfo así más que ninguno de ellos.

"No hagáis faltas cerca del área que el croata las clava todas". Otra aseveración innecesaria, pensó él. Toda Europa sabía que el croata era el mejor lanzador de libres

directos del continente. Por eso ahora miró al portero, un ilustre veterano que desafiaba el paso del tiempo a base de trabajo e ilusión. Cercano a los cuarenta, su atemporalidad empezaba a ser tema de guasa entre los aficionados, consideración bastante injusta viendo como se sacrificaba todos los días para mantener viva la llama que le permitía ser el portero de la selección nacional ininterrumpidamente desde hacía más de doce años.

"Con las faltas no quiero líos, las tiras tú desde la izquierda" dijo señalando al interior derecho. Lo había pasado bastante mal la temporada pasada, con una grave lesión que le tuvo meses apartado y que incluso provocó que se llegase a hablar de una prematura retirada. Hoy era, probablemente su Gran Oportunidad, puede que la Última, de ganar la tan anhelada Copa de Europa que once años antes había perdido en la tanda de penaltis en la más aciaga noche de una generación de futbolistas que, durante un lustro había enamorado a un continente entero con su fútbol y que, sin embargo, había sido incapaz de sobreponerse al peso de la historia y de su propia leyenda para conseguir, por fin, lo que más deseaban. Desde entonces una huella indeleble, una herida cerrada en falso, permanecía en el subconsciente de todos los que jugaron aquella final que nunca perdieron y que, paradójicamente, fueron incapaces de ganar.

Entonces se hizo el silencio. Cesaron las arengas y le pareció que aquello era lo peor que podía pasar. Un silencio sólo roto por el sonido de cremalleras abriéndose, botas golpeando el suelo de mármol y algún que otro resoplido, se apoderó del vestuario. Allí estaban cada uno de ellos, a solas con sus miedos, sus sueños, sus fantasmas, sus ilusiones...

¿Cuáles eran sus ilusiones? Marcar, esa era su ilusión, o mejor dicho, su obsesión. La noche anterior no había dormido pensando en el partido pese a que ante la prensa se mostró tranquilo, despreocupado y afirmó haberlo hecho y profundamente, además. Pero la verdad es que había estado revolviéndose nervioso en la cama hasta cerca de las seis de la mañana. Cuando el día empezaba a clarear, pudo dar una cabezada pero a las ocho estaba ya en pie. Cuando habló con su mujer horas antes del partido, se mostró optimista. *"Ana, sé que voy a meter el gol que nos de la Copa de Europa". "Bueno, pero si hay un penalti no lo tires"* le dijo con el recuerdo de aquella fatídica noche en que, en el último minuto del último partido, había fallado el penalti que les podía haber dado la liga. Ese día era uno de los puntos de inflexión clave en su carrera. *"Bueno, si hay que tirarlo...". "Ni se te ocurra que luego ya sabes lo que pasa"* se rio para sí mientras se despedía de ella. Le hacía gracia que pensase en aquella situación en esos términos. Y es que, si esa noche todo salía bien, un cincuenta por ciento de la culpa, como mínimo, sería de Ana. Ella era su punto de apoyo. La conoció en el instituto y se hicieron novios dos años antes de viajar a España para jugar en un equipo de la mitad de la tabla, de los que no solían verse amenazados por el descenso pero a los que Europa les quedaba lejos muy a menudo. Era una aventura en toda la regla. No conocía la ciudad a la que iba, sólo sabía que el clima era muy húmedo y que su nuevo equipo era un histórico que había vivido tiempos mejores y que el objetivo del nuevo presidente no era otro que recuperar parte de esa grandeza perdida.

Pero el proyecto se había quedado a medias. Y en parte había sido por su traspaso. Uno de los más sonados de los últimos cinco años. Después de un inicio titubeante, de repente empezó a ver puerta y en su segundo año se quedó a cuatro goles de conseguir el trofeo de máximo goleador. Pero sus excepcionales prestaciones le habían valido la llamada de varios de los clubes más grandes del país, incluso alguno de los punteros de Inglaterra e Italia. Y entre ellos estaba el Más Grande, al menos para él: el equipo en el que, desde su infancia, había soñado jugar. En cuanto su nombre estuvo sobre la mesa le pidió a su agente que llegase a un acuerdo y que no escuchase ofertas de ningún otro equipo. Luego habló con su presidente, con el que mantenía una muy paternal relación, para pedirle que pusiese las menos trabas posibles y aceptó el reto de convertirse en el delantero centro del Gran Equipo, en la solución definitiva a los turbulentos tiempos que azotaban a la entidad, afectada por una grave crisis económica y una serie de desafortunados episodios deportivos entre los que destacaban dos ligas perdidas en el último partido y que alcanzó su clímax tres años antes, cuando no fueron capaces de clasificarse para competición europea alguna. Aquel verano, el nuevo presidente, un joven empresario con ideas renovadoras, quiso dar un golpe de timón total a la nave y él se presentó como el Ángel Redentor que bajaba de los cielos dispuesto a enderezar el rumbo del más grande de los imperios futbolísticos que jamás existió a base de goles.

Y Ana siempre estuvo junto a él. En los momentos alegres, por supuesto. Pero sobre todo, en los momentos más amargos de su carrera. Ahora era el máximo goleador de la liga, el *Pichichi*, como decían aquí, el *Capo Cannonieri*, como lo llamaban en Italia. Pero no siempre había sido así.

Su primer año en España fue durísimo para ambos. No lograba aclimatarse a la ciudad donde vivía y, además no era titular fijo. Un brasileño pequeño, hábil y con cierto aire de niño travieso, le robaba parte del protagonismo y el conservadurismo de un entrenador demasiado preocupado por reforzar la defensa y el centro del campo le relegaba con cierta frecuencia al banquillo.

Pese a eso, tuvo que ser él quién tirase el penalti en aquella noche de sábado, dos años después de llegar a España. El brasileño travieso también estaba en el campo, pero declinó toda responsabilidad y fue él quien cargo con un peso que estaba en consonancia con su carácter y su condición dentro del equipo, sí, pero no con su contrato. Y lo asumió sabiendo que se lo jugaba todo a una carta. Y falló. Y la oportunidad histórica de darle su tercera liga, la primera en veinte años, a un equipo que había resurgido de sus cenizas hasta convertirse en el coco de los grandes, se esfumó en un suspiro. Y la ciudad quedó abatida y el proyecto, aunque era pronto para preverlo, finiquitado.

Pero no era ese el único punto negro de su carrera. Durante un tiempo se consideró a sí mismo como un objetivo recurrente de la mala suerte, como una de las víctimas favoritas del infortunio.

Sentado en el vestuario, vistiéndose para salir a jugar el partido más importante de su vida, recordó aquella tarde de hacía más de diez años con un profundo pesar, como una herida eternamente abierta, sin cicatrizar. Tenía entonces dieciséis años, iba a debutar con Newell's Old Boys en la primera. Justo antes de ir a dormir, le llamaron de la recepción del hotel: tenía una llamada. *"El viejo murió"* su hermano mayor fue el encargado de comunicarle la más dolorosa de todas las noticias, la muerte de su padre horas antes del que iba a ser el momento más importante de su vida. El entrenador creyó que no era momento de hacerlo debutar y lo sacó de la convocatoria pese a su más que furibunda oposición. Necesitaba jugar ese partido más que nada en el mundo. Necesitaba marcar un gol y levantar las manos al cielo y gritar tan fuerte como pudiese: *¡Gracias, viejo!*

Pero deportivamente, el peor momento aún estaba por llegar, cuando tuvo que pasar casi diez meses lejos de las canchas por culpa de la Gran Peste de los futbolistas, la tan temida tríada. Otro sábado por la noche de hacía más de dos años, en el campo del eterno rival, un mal giro con la bota clavada en el césped, lo dejó K.O. durante el resto de la temporada. Había sido a mitad de temporada y tuvo que trabajar muy duro los tres meses de verano para empezar al mismo nivel que el resto de sus compañeros, para no conceder ventajas a nadie.

Fue en aquella época cuando todo lo que significaba Ana en su vida cobró una verdadera dimensión. En las primeras semanas después de la lesión, las muestras de apoyo de sus compañeros, rivales, periodistas y aficionados fueron múltiples. Pero los meses pasaron y empezó a sentir que poco a poco se quedaba solo. Cuando iba todas las mañanas a la rehabilitación mientras sus compañeros entrenaban. O viéndolos disparar a puerta, en los últimos meses de la recuperación, mientras él sólo podía corretear por el campo colindante al de entrenamiento, era cuando pensaba en dejarlo todo, en abandonar definitivamente.

"Tienes que volver a jugar. Piensa en todo lo bueno que has pasado, en cómo amas lo que haces. En todo lo que soñaste, soñamos" le decía Ana. Pero aún así, se le hacía muy duro. El ansia superaba a la fuerza de voluntad muchas veces y creía que el gran momento nunca iba a llegar.

Una tarde, al volver a casa, Ana había salido pero le había dejado la comida preparada y encima del postre una nota que tan solo ponía: *"Para llegar a la cima del Everest hay que creer que Dios está arriba. Te quiero"*. Y entonces recordó el día que el estadio lo aclamó puesto en pie por sus tres goles al eterno rival en un partido que era algo más que una revancha y que acabó con una humillante victoria por cinco a cero. Y soñó con un estadio lleno, y con la Copa de Europa y un gol imposible...

Cuando por fin se produjo la tan ansiada reaparición, sintió un nudo en la garganta al oír el clamor de casi cien mil personas coreando su nombre. Había sido en el segundo partido de liga y el entrenador, muy pendiente de los detalles que alimentan el ego del jugador, primero lo puso a calentar cinco minutos antes del descanso y luego lo sacó cuando se llevaban dos minutos de la segunda parte para que pudiese recibir el cariño y el calor de su público. Entonces, el estadio se puso en pie y lo recibió con los honores con los que sólo se recibe a un héroe. En el fondo sur había desplegada una pancarta con su nombre unido a la vieja leyenda de los *Kops* del Liverpool: *"Nunca caminarás solo"*.

No marcó. Hubiese sido demasiado bonito. Pero cuando lo hizo en el primer partido de liga en casa, saltó las vallas publicitarias y se subió a las que separaban al público del campo, levantando el puño. Iba por ellos, por los que coreaban su nombre cuando fallaba, los que nunca dejaron que caminara solo. Pero también iba por Ana. Y por El Viejo, sobre todo por ellos.

Ahora el recuerdo de su padre volvía a apoderarse de él. Como en otro mundo, podía oír los gritos de los más veteranos, jaleándolos a todos, soltando sus propios nervios. Mientras, él buscó calor y tranquilidad en el recuerdo de su padre. Comprobó una a una todas sus supersticiones: el anillo que Ana le regaló y que estaba oculto bajo una cinta de esparadrapo o la pulsera de cuero que lucía en su muñeca izquierda desde juveniles. Ese era un regalo de su amigo Andrés.

Y Andrés ya no estaba con él. Otro punto oscuro de su vida. Su mejor amigo había fallecido en un accidente de tráfico unos días antes de la presentación con su actual equipo. Entonces decidió ausentarse de ella para asistir al entierro. Aquello le valió algunos reproches de cierto sector del periodismo deportivo que parecía estar en contra suya desde un principio. Pero el público lo tomó como un gesto de humanidad del héroe y lo acogió con cariño. Desde ese día, cada vez que marcaba un gol, se arrodillaba mirando al suelo y levantaba un dedo señalando al cielo. Aunque no era creyente lo hacía como simple gesto, como símbolo con el que recordar a su amigo y a su padre.

Todo estaba en orden. Cogió la camiseta con tranquilidad y la desplegó. El número 9 aparecía casi brillante en la espalda. Se la enfundó con parsimonia y sintió el cosquilleo del que sabe que va a defender algo más que un simple equipo de fútbol. Hoy no se jugaban sólo un partido. Traspasar la fina barrera que convierte a los Héroes en Leyendas, en mitos perdurables en la memoria colectiva más allá de su propia existencia, dependía de lo que sucediese esa noche. Si ganaban, pasarían a la historia del club más laureado del mundo como los jugadores que devolvieron la Copa de Europa muchos años después al equipo que más veces la había conquistado. Si perdían, no serían más que otros que habían caído intentándolo. Su nombre no estaría junto al de las Grandes Leyendas del fútbol europeo.

"Salgan a divertirse, piensen que el fútbol es un estado de ánimo y su estado de ánimo hoy es de agitación,

de compromiso. Pero no permitan que eso les bloquee. Hemos llegado hasta aquí siendo fieles a unos valores. Mantengámoslos. Recuerden: toque, pressing, atrevimiento, confianza, agresividad, improvisación" les dijo el entrenador un momento antes de salir definitivamente al campo. Se quedaron esperando en el túnel. Veinticuatro escalones y el futuro habría llegado. Él era el tercero, después del capitán y del portero. Una superstición más.

Miró hacia el campo. Debían ser poco más de las ocho y media. Las luces encendidas, la tarde empezaba a desaparecer. Banderas, bufandas, ruido de trompetas y sirenas.

-¡Vamos, eh, con dos cojones. Juntos a por ellos! –gritó el defensa central que también era el capitán. Se llevó las manos nerviosas al pelo y se lo colocó tras las orejas. Ese pelo que le había dejado fuera de la selección nacional de su país durante un breve período de tiempo y que ahora colgaba lacio y húmedo. El anterior seleccionador de la albiceleste consideraba que lo tenía demasiado largo y él se había negado a cortárselo. Algo definitivamente absurdo pero no por ello menos importante.

Ahí estaba El Rival, El Enemigo. Le dio la sensación de que sus rostros parecían menos tensos al otro lado de la verja. Sin duda, la historia no estaba sobre sus espaldas en la misma medida que lo estaba sobre la de ellos. *"Jugar en este equipo es un privilegio pero también la mayor responsabilidad que puede asumir un profesional. Sean profesionales"* les había dicho el entrenador.

Alguien golpeó la verja. Le sorprendió el comprobar que era el joven ascendido del filial a principio de temporada. De repente, una atronadora amalgama de ruidos envolvió el túnel. Sus compañeros golpeaban la verja ante el estupor del rival que de repente empezaba a sentir lo que un buen día alguien había definido como "Miedo escénico". A los golpes se unieron los gritos de aliento, e incluso amenazadoras soflamas con marcado tinte bélico. *"¡A por ellos, eh, a muerte, nos los comemos!"* se sorprendió gritando en medio de aquella pequeña Torre de Babel en que se había convertido el túnel en unos pocos segundos.

Entonces alguien pronunció las palabras clave: *"Vamos allá"*. Comenzaron a subir los veinticuatro escalones y el estadio estalló en una ovación como pocas veces se había oído. Confeti, banderas, un precioso tifo en el fondo con más de doscientas bufandas desplegadas. Ruido de sirenas. Clamor popular. Se inclinó sobre el césped, lo tocó después de besarse la mano mientras corría hacia el centro del campo. Manos arriba, saludo al público. Sonaba el himno de la Copa de Europa.

Posaron para la tradicional foto de la prensa gráfica después de la breve ceremonia oficial de la UEFA. Otra superstición, cogió el primer sitio por la izquierda de los que se ponían en cuclillas. Pensó que aquella podía ser una foto histórica si todo marchaba bien.

Cada equipo a un campo. Cogieron el de la izquierda, como solían hacer siempre que jugaban en casa. Peloteaban mientras los capitanes se saludaban en el sorteo de campos. Mientras trazaba algún que otro pase con el joven jugador de la cantera, que esa noche jugaría junto a él en la delantera, observó el aspecto del estadio. La gente cantaba enardecida y el cemento de unas horas antes había sido sustituido por una masa informe y multicolor que poblaba todas y cada una de las localidades de aquel templo de finales de siglo. Era realmente sobrecogedor. De haber estado todo el público de su parte no habría dudado ni un momento que la victoria sería suya. Pero no era así, de modo que la mitad de aquella masiva concentración de ilusiones y esperanzas estaría en contra suya.

Trataba de concentrarse al máximo pero su mente se empeñaba en viajar por el pasado futbolístico recordando momentos memorables y simples anécdotas. El fondo comenzó a corear su nombre. Si, definitivamente todas las esperanzas de su equipo estaban depositadas en aquella pierna que cuando la pegaba, lo hacía con el alma, buscando la historia en cada disparo. *"Seré atemporal"* pensó unas horas antes al imaginarse marcando el gol que les daba el título.

El joven jugador de la cantera saltaba frente a él en el punto central del campo mientras esperaban la orden de *no-retorno*, como consideraba el pitido inicial. A veces pensaba que era demasiado místico, demasiado lírico, que se ponía excesivamente trascendental a la hora de afrontar cualquier partido de fútbol. Incluso sus compañeros lo consideraban excesivo en esos momentos y le tomaban el pelo. Pero él era así, apasionado para lo que amaba y lo que odiaba. Y amaba el fútbol por encima de todas las cosas.

Se quedó mirando, absorto, a su compañero de demarcación. Sí, definitivamente admiraba a ese chico. Su desparpajo, su sangre fría. Tenía diecinueve años pero su actitud dentro del campo ya parecía la de un veterano. Gritaba, insultaba, protestaba, se encaraba, pedía el balón, llamaba al orden a sus compañeros y no tenía miramientos con el rival. Entre los más veteranos del equipo no terminaba de caer bien porque no se sometía a los caprichos de los que creían que el tiempo les otorgaba ciertos privilegios.

Por fin sonó el silbato. Comenzó el partido. Ya no había vía de escape. El futuro estaba a sólo dos horas de recorrido. Puede que un poco más. Pero después... ¿qué había después? Quizá la historia, quizá el olvido. Seguramente ninguna de las dos cosas. Al menos para él.

·   ·   ·   ·   ·

El balón salió fuera. Córner, señaló el juez de línea. Miró al marcador electrónico de reojo. Lo había hecho como cinco veces en los últimos diez minutos. Pudo leer con claridad el resultado: dos a dos. Minuto cuarenta y tres.

Se habían adelantado gracias a un gol de su joven compañero de línea pasado el primer cuarto de hora. En ese momento, y sólo por eso, se había convertido en el nuevo ídolo de la afición. Un pase al hueco del danés mágico y la joven pierna derecha del chaval que picó muy suavemente el balón por encima del portero que se había arrojado a sus pies intentando evitar lo inevitable cuando alguien con la clase de aquel chico te encara.

Y cuando parecía que la final sería un paseo triunfal, una autoafirmación pública de su condición de equipo de leyenda, el partido se puso feo. A los quince minutos de adelantarse llegó el uno a uno, el empate, después de un golpe de suerte del equipo rival. Porque, aunque ellos también sabían jugar al fútbol, lo cierto es que tuvieron que esperar a una falta al borde del área para gozar de su primer disparo a puerta, y fue el croata con cara de niño bueno quién la ejecutó con perfección casi sobrehumana, poniendo el balón en la escuadra del segundo palo y convirtiendo en vana la muy plástica estirada del portero que, si bien llegó a rozar el balón con la punta de los dedos, no fue capaz de desviarlo.

A partir de entonces el ritmo vital del partido cambió, los estados de ánimo se invirtieron. Les entró cierto vértigo ante la posibilidad de perder la final y ellos se fueron haciendo, poco a poco, con el ritmo del partido. Empezaron por hacer suyo el centro del campo donde su compatriota era un náufrago a la deriva mientras sus compañeros deambulaban en tierra de nadie viendo como los dos delanteros intentaban asfixiar la salida de un equipo con demasiados recursos para provocar por sí mismos la más mínima indecisión.

Con el centro del campo ocupado, los laterales empezaron a generar mucho peligro, llegando sin problemas hasta su área ante la incomprensible indolencia de los dos interiores. Por fortuna, cuando empezaban a acercarse con peligro, con una frecuencia casi excesiva, llegó el descanso. Fue como la campana para un boxeador al borde del K.O.

En el vestuario, el entrenador se centró en volver a recuperar la frescura de ideas de los veinte primeros minutos y la solidaridad entre todos. *"Este barco es el de todos; si uno falla nos hundimos todos"* les dijo.

Al comenzar la segunda parte, cinco minutos de tanteo y el momento clave. Tras un córner a favor, ellos montaron un rápido contraataque en el que el veloz extremo izquierdo se marchó con facilidad por el centro. El lateral derecho, arriesgándose al máximo se tiró al suelo y le intento sacar el balón por detrás. Inútil. Ese chico era demasiado rápido. En décimas de segundo decidió que era mejor jugarse la expulsión a dejarle solo delante del portero en lo que habría de ser un gol seguro. Levantó la pierna derecha y lo trabó. Trastabillado, la joven figura holandesa del otro equipo cayó al suelo. El árbitro corrió hacia él y lo expulsó.

Cuatro minutos más tarde, penalti del veterano portero al delantero centro. No quiso mirar. Se colocó en el centro del campo y se puso en cuclillas mirando a su fondo. Un estruendo atronador sacudió el campo pero venía del otro lado. Vio correr a los jugadores rivales hacia el córner para celebrar el gol. Todo parecía perdido. Después de haber eliminado al campeón italiano y al inglés, el actual campeón de la Copa de Europa les ganaba por uno a dos y tenían un jugador menos. ¿Qué se podía hacer?

El entrenador se levanto y gritó: *"Orgullo señores, orgullo. Luchen, venga. Recuerden lo que defienden"* y a partir de ese singular momento surgió lo que los cronistas denominan con poca imaginación como *coraje*, lo que entre el público suele relacionarse a la existencia (o no) de genitales masculinos, esa mezcla de lo que el entrenador les había pedido: orgullo, valor, dignidad... ese *algo* que era desde tiempos inmemoriales una especie de marca de la casa y que se había forjado en inolvidables y gloriosas noches en aquel mismo estadio, con un público delirante, con un resultado en el partido de ida adverso, con un optimismo irracional y una fe inquebrantable en sus propias posibilidades. Se conocieron como *las noches de las remontadas* y eran páginas gloriosas de un equipo cuyo sólo nombre causaba temor en sus rivales.

Y ahora tenían que sacar todo aquello que pertenecía al club y que podía producir en el rival el miedo del que se enfrenta a una bestia herida. Empezaron a chillarse en el campo unos a otros. Eran gritos de aliento y apelaciones al pasado glorioso de aquella camiseta que estaban defendiendo. El equipo contrario, presa de un cierto estupor, se echó atrás e incompresiblemente cambió su fútbol. Ahora sólo tiraban balones largos a su veloz extremo. El croata de oro estaba inédito después de una primera parte de ensueño. *"Se llevará el balón de oro si sigue así"*, pensó él en el vestuario.

Sí, algo había cambiado en el partido, ahora corrían tras todos los balones, incluso tras los imposibles. Se tiraban al suelo, volaban para sacar de banda, protestaban vehementemente cualquier decisión arbitral contraria, intentaban amedrentar al rival subiendo varios puntos el nivel de intensidad con el que disputaban cada balón y les miraban desafiantes en cada pequeño tumulto que se formaba tras la más insignificante falta. Todo ello enardeció al público que agradecía, por encima de cualquier otra consideración, las muestras de carácter, la incapacidad casi genética de rendirse.

Empezaba a crearse el ambiente mágico de las Grandes Remontadas del pasado. Podían caer derrotados por tres o cuatro a uno, pero también podían levantar el resultado.

Y en el minuto treinta y dos, en un ambiente de histeria colectiva, transmitida del campo a la grada y de ahí nuevamente al campo en una especie de proceso de retroalimentación desquiciante, el veterano y fino interior derecho puso uno de sus balones pasados al segundo palo. El balón, que un principio pareció querer salirse por encima de la portería, fue cogiendo un efecto parabólico que terminó engañando al portero rival y permitiendo a uno de los dos centrales rematar contra el larguero, que lo escupió con virulencia dejándolo muerto, inerte, en el césped, dentro del área pequeña, exactamente en el lugar que él se encontraba, a unos escasos veinte centímetros de su bota izquierda.

"¡La pongo dentro aunque me muera!" pensó entonces. Entregó su vida a ese disparo. Le dio con todo lo que encontró dentro de sí mismo. Aglutinó todas sus emociones y recuerdos en torno a un único fin. Redujo la rabia, el dolor, la alegría, la esperanza de una vida... a un solo sentimiento tan poderoso como sólo lo es todo lo Absoluto. Su padre, Ana, Andrés... le ayudaron a empujarla.

El balón se estrelló con una violencia brutal en la red. El público del fondo estalló en una avalancha incontenible hacia la valla. Corrió hacia ellos pero antes de llegar sintió que le agarraban y caía al suelo. Luego una masa de gritos y cuerpos sudorosos se le echó encima. No entendió lo que le gritaban. No le importaba. Ni siquiera sabía en qué zona del campo lo habían trabado.

Se levantó y contempló una inmensa marea blanca en la mitad del estadio donde estaban sus aficionados. Banderas y bufandas acompañaban los cánticos de unos hinchas que se destrozaban la garganta lanzando misivas de apoyo a sus héroes…

Y ahora se encontraba nuevamente en la frontal del área grande esperando a que se sacase otro córner. Había visto que sus compañeros empezaban a dar muestras de agotamiento físico. Él ya hacía tiempo que había traspasado el umbral del dolor. Ahora no sentía nada y estaba dispuesto a cualquier esfuerzo adicional recordando una de las máximas de su entrenador. *"El cansancio es un estado de ánimo"*. Luego le vino a la mente el ejemplo con el que solía ilustrar esta sentencia: un padre de familia que llega agotado a casa tras un largo día de trabajo. En el portal encuentra el ascensor averiado y, roto por el cansancio, sube penosamente los nueve pisos hasta su casa. Cuando por fin llega, cae derrengado en el sofá y duda sinceramente que sea capaz de levantarse, ni siquiera para ir a la cama. Entonces alguien grita *"¡fuego!"* y el mismo hombre derrotado hasta entonces es capaz un instante después de sacar a su familia en brazos hasta ponerlos a salvo recurriendo a una fuente de energía que creía agotada cuando estaba convencido de no necesitarla.

Esta era su tabla de salvación cuando contemplaba la posibilidad de una prórroga. Si alguien se quejaba en el vestuario él mismo les recordaría esa historia. Quizás para creérsela él mismo que pensaba que si dejaba de andar se caería agotado y nadie sería capaz de levantarle en una semana.

No era un especialista del juego aéreo de modo que, en los córneres su misión era la de molestar, la de distraer para que los centrales pudiesen rematar lo más libres de marca posible. Pero ese rudo y tosco defensa nórdico le había estado inmovilizando en todos y cada uno de los córneres que habían sacado así que pensó que si lo sacaba del área, una de dos, o sus compañeros tendrían más posibilidades de rematar o él estaría libre de aquella pegajosa marca. Sucedió esto último y se situó en la media luna del área, un auténtico páramo comparado con la pobladísima zona del área pequeña. Sorprendentemente, nadie pareció dar excesiva importancia a su ubicación.

El balón salió golpeado por el interior derecho con un efecto parecido al del gol del empate pero menos exagerado. En el primer palo saltaron todos. Fue una situación muy confusa. No supo si había sido el portero con los puños o un defensa con la cabeza, pero alguien había despejado y, por caprichos del destino, aquel balón que perdía velocidad en cada metro que avanzaba, iba directamente hacia él nuevamente.

Lo vio bajar, supo que podía rematarlo. Pero dudaba. *"El que duda jamás triunfa"* les decía su entrenador. Si la pegaba según llegaba podía irse al limbo. Y si la paraba y recortaba, la defensa se echaría encima suya. *"¡¿Qué hago?!"* se sintió Hamlet en versión de final de siglo. Y el balón quedaba cada vez más muerto a sus pies. Ser o no ser. Historia.

"La pego" se dijo cuando la tenía casi en el empeine. Ya no dudó más. Había estado a punto de bajarla y recortar pero sintió necesidad de golpear aquella pelota. Acomodó el cuerpo inclinándolo ligeramente a su derecha, tensó el empeine y sintió el maravilloso contacto del cuero del balón golpeando su bota. Había vivido toda su vida para ese instante y nada habría después. La eternidad ya no era otra cosa que aquello.

"La he pegado bien". Lo supo milésimas de segundo después de hacerlo. Su pierna izquierda se había echado hacia atrás ligeramente y, como un latigazo, había salido disparada hacia el balón, buscando el encuentro de su vida. Había sido un golpe duro y seco. El balón se desplazó en el aire sin ningún efecto, sin movimiento de rotación. Quieto pero rasgando la atmósfera, como una bala. Los defensas y sus compañeros casi no la vieron pasar. El

joven portero rival se lanzó en un precioso escorzo hacia la escuadra izquierda de su portería. Quizás demasiado tarde. Vio el balón rebasarle. Supo que tenía que confiar en que pegase en el larguero. Lo sintió demasiado cerca como para pensar que se iba fuera. Cayó al suelo justo cuando oyó el impacto del balón en algo metálico. *"Sí, ha ido al larguero"* debió de pensar entonces.

Pero él, que lo había visto salir de su bota, que había visto al portero volando por encima de las leyes de la gravedad, que lo había visto golpear en el larguero, sintió que algo desconocido estallaba dentro suyo cuando el balón botó casi medio metro dentro de la portería. Salió corriendo sin saber muy bien a dónde dirigirse. Se agarró la camiseta y terminó quitándosela, giró los brazos como las aspas de un helicóptero con ella en la mano derecha, gritó poseído por algo mucho más hondo y primario de lo que jamás había experimentado. Si unos segundos antes se había enfrentado al remate de su vida, ahora se recreaba en el grito más agónico y absoluto que jamás había tenido la oportunidad de sentir. *"Eres Dios. Durante unos segundos eres Dios"* le había explicado un veterano hace años, al intentar explicarle lo que se sentía al meter un gol que valía un título o una simple eliminatoria.

Sus compañeros nuevamente le blocaron y esta vez sintió el peso de millones de cuerpos desplomados sobre su espalda. Y estuvo seguro que era capaz de levantarse y arrastrarlos a todos varios cientos de metros.

"Eres el más grande" se repitió entre aquel tropel de héroes agónicos. De niños jugando a Dioses. El público

empezó a corear su nombre. Cuando se levantó, miró al marcador. Dos a tres. Minuto cuarenta y cinco. Y lo supo. *"La historia soy yo"* se dijo. Sería el protagonista de la remontada más histórica del club, el hombre que devolvió la Copa de Europa al equipo que la había conquistado hasta la saciedad.

El árbitro señaló el final sólo un par de minutos después. *"¡Siiiii!"* gritó a los cuatro vientos, arrodillándose y levantando los brazos en V, los ojos al cielo. El futuro había llegado. Se derrumbó, enterró la cara en el césped y lloró. Lloró como un niño desconsolado. Todas las emociones que le habían servido para convertirse en leyenda eran ahora la causa de un muy primario llanto. Vio a su padre orgulloso. *"Va por vos, viejo"*, se dijo a sí mismo. Y pensó en Andrés. Y en su madre, allá en Argentina, en su casa de Córdoba, al otro lado del mundo, que junto a sus hermanos y tíos habría pasado las dos horas más intensas de su vida en una agonía dramáticamente feliz.

Y pensó en Ana, que estaría en casa con sus hermanos y amigos. Seguro que ella también lloraba porque sólo los dos sabían todo lo que habían pasado hasta ese momento. Porque aquello era de los dos.

Y seguía llorando cuando su compatriota se le echó encima. *"¡Qué grande sos, loco!"* le gritó al oído con su marcado acento porteño. Se abrazaron emocionados, de rodillas sobre el campo. Sentir aquel acento tan lejos de casa fue uno de los momentos más emotivos de todos.

Se levantaron y corrieron a cantar y gritar con los demás compañeros. Y cuando minutos más tarde por fin tuvo

la Copa en sus manos, comprendió que todo había mere-
cido la pena y que acababa de trascender su propia existencia hasta convertirse en parte de la memoria colectiva
de todos los que habían perseguido aquello tanto como él.
"No se puede ser más feliz" se dijo ondeando la bandera
de Argentina. Y empezó a dar junto a sus compañeros una
vuelta que llevaban más de treinta años esperando. Una
vuelta a la historia.

EL NIÑO QUE TENIA ALAS

Una vez conocí a un niño que tenía alas. Eran unas preciosas alas de plumas negras. Grandes como las de un cóndor gigante o como las de una avioneta enana. El niño llevaba sus alas con esa mezcla de dignidad e ignorancia que hace a los críos sonreír ante lo extraordinario y abrir la boca ante lo cotidiano. Sin embargo, nadie, en su entorno, parecía percatarse de lo extraño de todo aquello. Sus bocas estaban cerradas como en un entierro o en una representación teatral. Sus padres se comportaban como un matrimonio de cigüeñas, acostumbrados a que sus hijos volasen.

-Tienes unas alas estupendas. ¿Cómo las has conseguido? —el niño me miró extrañado, como si mi sorpresa fuese más anormal que sus alas.

-No lo sé, siempre han estado ahí.

-¿Y puedes volar?

-No, creo que no. De todas formas, mamá y papá dicen que si vuelo, harán que me corten las alas.

No podía creer aquello. Me resultaba difícil entender que sus padres se hubiesen acostumbrado a lo extraordinario de un hijo con alas, pero que no le dejasen volar escapaba a todo proceso lógico. Sonaba a integrismo.

No hablé más con el niño porque quería volver a jugar con sus amigos. Era un estúpido juego para niños, de esos que entusiasman a los padres y distraen a los niños con alas. De esos que te sujetan a la tierra por los pies.

Volví a verlo años más tarde, cuando ya era un chavalillo adolescente. Entonces ya no tenía sus preciosas alas.

-¿Qué le pasó a tus alas? –le pregunté. Él sonrió.

-Nada, al final me las cortaron –no parecía excesivamente triste. Pensé que yo no habría dejado que me quitasen algo así sin probarlo una vez al menos.

-¿Y eso?

-Ya ves, todo fue porque se me ocurrió volar. Un día salí por el balcón de casa y volé durante horas. La poli me perseguía con sus helicópteros pero no podían hacer nada. Yo era más ágil. Cuando ellos habían dado una vuelta, yo llevaba tres. ¿Te imaginas una moto en un salón o un barco en una piscina persiguiendo a un niño? Pues esos éramos ellos y yo.

-Vaya, me alegro, supongo. Pero... ¿qué pasó al final? Con las alas, quiero decir.

-Pues tuve que volver a casa. En realidad sólo quería probarlas. Saber si las alas sirven para volar o son sólo algo con lo que amedrentarte. Ya sabes, como el temor a Dios o a quedarte sin postre. Mis padres cumplieron su amenaza e hicieron que me las amputasen. Ahora ya no podré volver a volar.

-Vaya. Algunos padres pueden ser realmente perseverantes en su torpeza y en su estupidez. Lo siento mucho.

El chico sonrió con complicidad, asintiendo la cabeza.

-¿Sabes? Ellos me cortaron las alas pero jamás podrán contar que un día volaron. Y yo sí –entonces el chico volvió con sus amigos, a jugar a uno de esos estúpidos juegos de adolescentes que ya no entusiasman ni a padres ni a hijos pero que mantienen a todos con los pies pegados a la tierra.

SI UNA NOCHE DE OTOÑO, UN PUENTE DE PARÍS

Para Sara, con todo el cariño del tiempo
compartido y de los puentes cruzados
(y de los que quedan por cruzar)

-Si me tirase ahora mismo al agua, antes de media hora estaría muerta –y es esta certeza y no otra la que hace que Beatriz, apoyada y puede que excesivamente inclinada sobre la barandilla de piedra del Pont Neuf de París, como un jinete que quisiese observar el vientre de su caballo sin llegar a desmontar, sienta que por fin ha llegado a tener cierto control sobre su vida. Aunque teniendo en cuenta su presunta actitud suicida cabría cuestionarse si no es sobre su muerte sobre lo que Beatriz acaba de descubrir que puede ejercer ese control. Y ya puestos, aclarar si existe una frontera, por fina que ésta pueda llegar a ser, que separa el control que uno mismo ejerce sobre su propia vida y sobre su propia muerte.

Pero vayamos hasta el interior de la cabeza de Beatriz, que no parece ser esto en lo que está pensando ella ahora mismo, por lo visto simplemente se ha detenido en la sensación que le ha provocado, y si le ha resultado tan reconfortante no esconde otro motivo para ello que el haber tenido durante los últimos meses la completa seguridad de que estaba perdiendo el mando de su vida y de que no era capaz de hacer absolutamente nada por recuperarlo Y cuando Beatriz piensa en estos términos, es decir, cuando habla de mando, se refiere no ya a la capacidad, quizás habilidad, de tomar decisiones más o menos acertadas, sino a estar convencida de que ya no es capaz siquiera de decidir, bien o mal pero decidir al fin y al cabo; de *echar a andar y no quedarse parada en medio del camino* es la expresión que a ella más le gusta usar. De hecho, es posible que, ahondando en los más angustiosos momentos que ha pasado en este mismo período de tiempo, quedase al descubierto que en algunos de ellos ha tenido la dramática convicción de que esta ausencia de control real sobre su vida ha sido la constante por la que se ha regido desde el mismo momento de su nacimiento. Y aunque podemos aseverar, porque la distancia emocional de no ser sujetos de estos pensamientos nos lo permite, que este juicio con todo el aspecto de una condena al que se somete Beatriz desde hace tiempo tiene el mismo fundamento que sus intenciones suicidas, es decir, cero; sirve, sin embargo, para comprender con más facilidad el porqué de esta incierta emoción que la perspectiva de tener bajo control algo que se refiere a sí misma, aunque esto sea su propia muerte, ha llegado a producirle.

Aclarado queda entonces que si Beatriz está en el Pont Neuf de París a las dos de la madrugada del veintiuno de noviembre de dos mil tres, no son planes suicidas los que la han arrastrado hasta allí. Y que por muy reconfortante que le haya podido resultar la sensación de control sobre sí misma que la idea de estar a un simple salto de morir ahogada en el Sena le ha producido, no es menos cierto que Beatriz no tiene la más remota intención de dejarse arrastrar por las frías corrientes del río, ni de permitir que sus turbias aguas le aneguen los pulmones. Porque Beatriz, a pesar de toda la falta de control que pueda sentir y también de cierta tristeza, y en contra de todo lo que hasta ahora pueda parecer, jamás ha querido morirse. Aunque la mitad superior de su cuerpo colgando de la barandilla del Pont Neuf pueda indicar lo contrario.

.   .   .   .   .

Víctor ha hecho cientos de veces este mismo camino. Y otros parecidos. Y también ha hecho el mismo número de veces miles de caminos distintos. Y todo ellos están conectados entre sí únicamente porque fueron dibujados en el impreciso terreno de la imaginación, en el delimitado espacio de la única ciudad que lleva años inventándose a diario para sí mismo; y, claro está, esa ciudad, por si aún quedaba alguna duda, no es otra más que París.

Víctor se ha inventado miles de paseos distintos y luego los ha recorrido cientos de veces y todas ellas con tal dedicación que los nombres de las calles por las que ahora por fin transita llevan años registrados en su memoria con la misma huella indeleble de los recuerdos de la infancia, esos que, querámoslo o no, nos acompañarán el resto de nuestra vida. Por eso le resultan tan familiares como el nombre de sus padres o el de los jugadores de su equipo de fútbol favorito.

Pero no sólo son paseos imaginarios lo que Víctor ha inventado pensando en este momento. También inventó la forma en que la luz del foco de la Torre Eiffel traza círculos infinitos sobre el cielo de París. Inventó el aire frío que le azotaría el rostro cuando caminase a la ribera del Sena. Se inventó también el Sena y esas enormes barcazas que parecen eternamente detenidas en sus orillas. Inventó las espectaculares panorámicas que se pueden contemplar desde los jardines del Sacré Cœur a cualquier hora del día, especialmente por la noche, cuando dicen los que lo conocen que el cielo de París siempre está despejado; y el propio Sacré Cœur también tuvo que inventárselo, evidentemente. De la misma manera se inventó los cafés de las esquinas con sus magníficas y caldeadas terrazas, las escaleras que conectan unas calles con otras salvando bruscos desniveles, los *croissants* tiernos y calientes de las incontables *pâtisseries* o los tejados abuhardillados de pizarra negra con grandes ventanales de la gran mayoría de los edificios de la ciudad. Inventó parques, plazas y barrios enteros, ahí quedan el Jardín de Luxemburgo, la Place des Vosges o Le Marais. Sin olvidarse de los puentes. Del Pont des Arts, del Pont Alexandre-III y por supuesto del Pont Neuf.

Y cada vez que Víctor inventaba uno de estos lugares, corría inmediatamente después a habitarlos, sin poder dejar de lado, al mismo tiempo, las sensaciones que a buen seguro experimentaría cuando esos paseos ficticios dejasen de serlo y se convirtiesen en una realidad. Imaginaba entonces una emoción imprecisa subiéndole desde el estómago y agarrándosele al pecho, una especie de euforia creciente a duras penas controlable, imaginaba una sonrisa desmesuradamente amplia dibujada en su cara. Imaginaba todo esto, los lugares y las emociones, por separado primero y todo junto a continuación, como los ingredientes de un plato de cocina antes de ser cocinado y el mismo plato después de ser servido; y tenía la absoluta seguridad de que sería en este punto cuando por fin se sintiese parte de la vida de la ciudad tan intensamente como la ciudad constituía en sí misma y desde mucho tiempo antes, una parte de su vida.

Pero si había estado tan seguro de que eso sería así, ¿de dónde venía entonces esta inexplicable tristeza de ahora? Esta mueca de agria desesperanza, esta nostalgia absurda de la que no había logrado deshacerse en todo el día. Una melancolía pegajosa que le había estado rondando desde tres o cuatro días antes, que había amagado verdaderamente por vez primera la tarde anterior, cuando se despidió de sus últimos amigos, los más cercanos, que amagó por segunda vez la última noche que pasó en Madrid, cuando antes de dormirse contempló sus maletas junto a la cama y no pudo evitar pensar no volveré a dormir en esta cama en meses, y que por fin le había encontrado indefenso en la sala de embarque del Aeropuerto de Barajas esa misma mañana y con ella adherida al cuerpo, como quién pierde un chicle entre las sábanas, había aterrizado en el Charles de Gaulle dos horas más tarde. ¿Acaso no era dejar Madrid y empezar en París lo que llevaba años anhelando, el gran desafío de su vida? ¿No era París precisamente el único lugar posible donde iba a desarrollarse completamente, donde llevaría hasta las últimas consecuencias sus más ambiciosos proyectos personales? ¿Por qué entonces se sentía ahora como un niño que en la mañana de Reyes abre el paquete más deseado para encontrarse con algo tan dramáticamente imprevisto como el cadáver de su mascota o simplemente con una caja vacía?

Su primer paseo real por París, qué distinto de todos sus paseos imaginarios, estaría pensando, le llevó hasta el Pont Neuf y allí decidió sentarse en uno de sus bancos de piedra. Convencido como estaba en ese momento de que esas sensaciones que ahora sentía le iban acompañar mucho más tiempo del que esperaba y, desde luego, del que deseaba; que de hecho era posible que se quedasen con él todo el tiempo que finalmente fuese capaz de aguantar en París, por lo que no es de extrañar que ese mismo período de tiempo se le hubiese ido pareciendo más insalvable en las últimas horas, a medida que la sensación de angustia había ido creciendo.

Y en esas desalentadoras elucubraciones andaba enredado Víctor cuando reparó en una chica que, justo al otro lado del puente, se inclinaba excesivamente sobre la barandilla. Fue en ese preciso momento, no antes, evidentemente, ni tampoco unos segundos más tarde, mientras se ponía en pie y empezaba a caminar apresuradamente hacia ella; cuando todos sus pensamientos se esfumaron violentamente como un violento golpe de aire que lo barriese todo de un plumazo. La nostalgia y la melancolía. Y también cualquier otro tipo de emoción, porque fue justo en ese momento cuando Víctor tuvo la completa seguridad de que aquella chica iba a tirarse al río.

. . . . .

Y mientras Víctor camina con pies reales sobre terrenos ficticios, volvamos con Beatriz que sigue con medio cuerpo colgando de la barandilla del Pont Neuf y con sus presuntas intenciones suicidas y sus ansias de recobrar a cualquier precio el timón que gobierna su vida, en la misma postura. Y como sobre unas ya se ha afirmado todo lo que se podía afirmar, es decir, que Beatriz ha encontrado, paradójicamente, en la idea de poder suicidarse la determinación que le faltaba para asumir el control sobre su vida, habrá que quedarse entonces con lo que realmente le está preocupando desde un principio, desde mucho antes de que haya comenzado a jugar peligrosa y arbitrariamente con las leyes de la gravedad, hablamos precisamente ese ansia por controlar su vida.

Para saber qué razones le han arrastrado entonces hasta el Pont Neuf de París en esta noche de otoño, descartados los planes suicidas, habrá que retrotraerse a los motivos que la trajeron a París y así empezar la casa por los cimientos, que yendo de un lado a otro con tanta ligereza, esta historia amenaza con írsenos de las manos en cualquier momento, a nada que se dé un paso en falso.

Habrá que empezar aclarando que Beatriz vino a París a empezar una nueva vida. Una situación que bien podría definirse a la perfección con una de esas expresiones tan extrañamente precisas como *partir de cero* o *borrón y cuenta nueva*. Puede que esto, como explicación, se quede más bien corta así que los espíritus más exigentes quedarán satisfechos si se hacen algunas consideraciones, como por ejemplo, ¿qué es lo que Beatriz se dejó entonces atrás? ¿De qué huía? O ciñéndonos un poco más a sus ambiguas expresiones, ¿qué es lo que tenía que borrar para situarse tras el cero del cual pensaba partir?

Como ya ha quedado apuntado antes, Beatriz ha sufrido durante años la angustia de no saber cómo dirigir su vida. Y conviene no confundirse, que no es el destino final de su viaje lo que ha angustiado a Beatriz, pues no ha habido carencia de un proyecto futuro. Se trata de la sensación, a ratos convencimiento, ya ha quedado explicado también, de no saber gobernarse, de tener dos puntos dibujado en un folio y no ser capaz de trazar la línea que los une. Así explicado resulta todo muy ambiguo así que enfrentemos los hechos. Beatriz dejó atrás uno de esos trabajos que atan unos días a otros y hace que todos se parezcan entre sí como los granos de arroz de una paella. Un trabajo que nunca podría con ella, cierto es, pero que, al mismo tiempo, tampoco la llevaría nunca un metro más adelante de donde ya había llegado hasta entonces. Un trabajo, en definitiva, de esos que uno tiene mientras piensa, inevitablemente, en tiempos mejores. También se dejó el final de una relación sentimental y aquí no hay nada excesivamente extraordinario para contar. Sólo dos personas que se quisieron hasta que dejaron de hacerlo. Sin más que añadir, que Beatriz inclinada sobre la barandilla de piedra del Pont Neuf es el principio de esta historia y no el final de cualquier otra.

¿Por qué pensó entonces Beatriz que París la salvaría? No París, que Beatriz puede que no controle su vida pero los pies los tiene pegados a la tierra y sabe que una ciudad, por sí misma, nunca salvará a nadie, así que, formulada bien la pregunta, lo que habría que cuestionarse es por qué Beatriz creyó que irse a vivir a París la salvaría. Fue por la necesidad de empezar algo, no muy concreto, también hay que aclararlo, y por la intuición de que saldría mejor si empezaba de cero. Sin nada. Sólo ella con ella misma, una expresión, al igual que la de *echarse a andar*, muy de su gusto. Sin nada estaría obligada a construirlo todo otra vez. Nuevas relaciones, nuevos amigos, nuevo trabajo, nuevas rutinas... Y siendo consciente de los errores que creía haber cometido en el pasado, en estos y otros muchos terrenos, que la vida de una persona no se puede dividir en sólo cuatro compartimentos y los campos donde errar y acertar constituyen un abanico mucho más amplio que éste que aquí se ofrece como reflejo de los sentimientos de Beatriz; pues siendo consciente de todo esto, decíamos, estaba absolutamente convencida de que esta vez todo sería distinto e indudablemente mejor. No se puede decir, pues, que le faltase entusiasmo ni fe, pero a pocos sitios se va sólo con entusiasmo y fe, aunque bien es cierto que tampoco se pueda llegar mucho más lejos sin ellos. Entonces ¿qué fue lo que faltó o lo que falló? Pues esa es la pregunta que ha acuciado a Beatriz durante meses, a medida que los días de París se parecían cada vez más a los días de Madrid, esos de los que había huido. Beatriz aún no lo sabe pero tampoco tardará en darse cuenta, de hecho ya empieza a hacerlo con tibieza, que descubrir estas cosas no es cuestión de un segundo de lucidez, sino más bien de cierta perseverancia, de un elevado grado de sinceridad hacia uno mismo y un no menor grado de deseos de conocerse; nada que se consiga sin sacrificio, que en estos turbios asuntos del alma el viento siempre parece soplar en contra. Y lo que Beatriz empieza a vislumbrar es que el fallo fue creer que con esos cambios sería suficiente y que llevándolos a cabo dejaría atrás todos esos pequeños conflictos internos en los que, en definitiva, sólo era ella contra ella misma, el reverso negativo de la acertada expresión acerca de su ansiada soledad anteriormente referida. Beatriz ha descubierto que no ha empezado de cero, que no se había borrado todo y que la cuenta no era tan nueva como pretendía. Que las pequeñas miserias que ha arrastrado hasta París han sido suficientes para acabar cometiendo los mismos errores. Y aunque este tema pudiera dar para extenderse mucho más, probablemente lo único que terminaríamos haciendo sería explicar la misma idea con distintas palabras y puede que hasta con un par de metáforas o de comparaciones tan ingeniosas como innecesarias, así que en este punto finalizado queda.

Y ahora que todo queda en un asunto de Beatriz con Beatriz, es decir, que es ella sola, al margen de la ciudad que habite y de la gente que le rodeé, incluso de los puentes desde los que pueda llegar a saltar, objeto y sujeto de todos sus actos, parece inevitable que llegase al punto en que se encuentra, parece inevitable que acepte que París ha dejado de tener sentido, no París, que si las ciudades no salvan a nadie de si mismo tampoco poseen un sentido propio. Las ciudades simplemente están ahí y son sus habitantes quienes las pasean, las sufren, las aman, encuentran su hueco, se sienten solos, se sienten perdidos y puede que sí, que lleguen a identificarse con ellas. Y es ésta y no otra su manera de dotarlas de cierto sentido. O de arrebatárselo, todo puede ser. Y si Beatriz no puede darle un sentido a París, su conclusión es que no hay razón para que siga aquí, reconstruyendo su vida sobre unas ruinas que están a mil trescientos kilómetros y que debe volver a ellas, enfrentarse definitivamente a lo que sea que tiene que enfrentarse y acabar de una vez por todas con la sensación de llevar esquivando *algo* todo este tiempo.

Y ahora que ya se sabe que Beatriz vuelve mañana a Madrid y el porqué, que Víctor hace sólo unas horas que aterrizó en París y para qué; ahora que se sabe, por tanto, que esta noche no es otra cosa más que un eclipse en la relación común de ambos con la ciudad ya que no podrá haber otro momento para que los tres se encuentren, ahora que se sabe todo esto y también el rastro que han seguido, quizá perseguido, que en uno hay desconocimiento del destino hacia el que se camina y en el otro la determinación concreta de encontrar algo, ahora que se sabe cómo han llegado a estar esta noche en el Pont Neuf, ya se puede asegurar que esta historia no se nos escapará de las manos y que se puede contar sin ningún temor a perderse dentro de ella.

    .   .   .   .   .

-Tu vas te jeter? –la primera vez que Beatriz escuchó la voz de Víctor le sonó tan extraña como si un personaje de una película se hubiese dirigido a ella en mitad de la proyección o como si su Ángel de la Guarda, enviado por el mismísimo Señor para velar por ella, le hubiese tocado amistosamente en el hombro. Por eso, antes de volverse, el sobresalto le hizo balancearse levemente sobre la barandilla.

-Quoi?

-Je te demande si tu vas te jeter? –Víctor la miraba con temor, como si quitarle una pistola a un suicida pudiera ser un acto repleto de mezquindad y lo que pensó entonces fue que, en última instancia, si aquella chica quería lanzarse al río él no era quién para evitarlo. Sin embargo en el rostro de Beatriz no había reflejada cualquier sombra de recelo o de indignación por lo que, con justicia, podría haber considerado una intromisión en su intimidad. No, Beatriz sólo miró a Víctor con una enorme expresión de sorpresa dibujada en el rostro.

-¿Eres español? –y como si el asombro se contagiase por los mismos canales que la risa o los bostezos, Víctor aparcó su temor, se sorprendió con la misma espontaneidad que Beatriz y asintió, eso sí, sin pronunciar palabra, tal vez avergonzado aún por su revelador acento, aunque lo más probable es que fuese porque acababa de darse cuenta de que seguramente aquella chica no tuviese la más remota intención de tirarse al agua y por tanto su preocupación resultase ahora tan ridícula como un instante antes le acababa de parecer su pronunciación.

.　.　.　.　.

Cuantas historias pudieron haber empezado de la misma manera que ésta, de la misma exactamente no, que uno no se encuentra presuntos suicidas todas las noches en un puente. Pero sí de esa manera casual que ha empezado a surgir ésta. *¿Tienes hora? Cuánto cuesta este jersey, ¿tienes una talla más? Buenos días, voy al aeropuerto.* Y se podría seguir con cientos de situaciones como éstas con las que ejemplificar que cerca están a veces las cosas de cambiar para siempre y en qué pocas ocasiones, en realidad, los principios de historia llegan a convertirse en historias completas. Qué a menudo se pasa tan cerca de lo extraordinario, porque extraordinario puede considerarse cualquier acontecimiento que surge de algo que tan solo unos segundos antes no existía, qué a menudo se llega a rozar incluso, como si un leve destello de lucidez estuviese a punto de iluminar el resto del camino, y por una décima de segundo, de una forma tan involuntaria que apenas llegamos a ser conscientes de ello, nos llegamos a plantear

155

cómo habría sido mi vida si... y luego colocamos detrás todo tipo de suposiciones que son a la vez tan imposibles como reales, y que pueden llegar a atormentarnos con la fuerza del peor de los temores pues tal vez no sean otra cosa más que eso, el miedo de haber dejado atrás el camino correcto.

Pero si esta historia está siendo contada es porque Beatriz y Víctor rozaron lo extraordinario con la punta de los dedos y la distancia que los separó fue tan breve que lograron agarrarse, bien porque su instante de lucidez duró lo necesario, bien porque fue un momento común a ambos. Así que después de que ella preguntase si era español y él asintiese avergonzado, no hay forma de saber si por su acento o por haber imaginado una catástrofe que sólo estaba a punto de suceder en su mente, y de que ella le explicase que no pensaba saltar al río y él se excusase con un *perdona, me pareció...* pero intentará, en un postrero arrebato de dignidad reafirmar su actitud de unos segundos antes concluyendo que de todas formas *si no querías caerte deberías andar con más cuidado, un mareo o algo y...* y no añadió nada más porque los dos sabían que *y...* acababa con Beatriz en el río, probablemente ahogándose con el control de su vida bien agarrado, eso sí, como un lastre que tiraría de ella hasta el fondo del río. Y después de que ella le diera las gracias por preocuparse; ya no queda gente que se interese por los demás, diría alguno con la perspectiva de la raza humana sesgada por cierto pesimismo antropológico bastante injustificable, como si la empatía y la solidaridad tuviesen épocas o caducidad, y él preguntase de dónde eres y ella contestase Madrid y él sonriese, asintiese y se sorprendiese, todo a la vez y en un único gesto pues él, hay que recordarlo, también es de Madrid. Después de todo eso siguieron pasando cosas y esa es, en realidad, la única razón por la que esta historia merece la pena ser contada.

Ahora que ya se sabe cómo se conocieron y ahora que de cómo su primera conversación echó a andar han quedado también reflejadas las primeras frases que llegaron a intercambiar, demos cuenta de lo que aún no hay noticia, que es todo lo que sucedió después, o lo que es lo mismo, de cómo se agarra uno a lo extraordinario cuando está pasando delante suyo.

Ya se estaban despidiendo, *ten cuidado al asomarte a los puentes*, cuando Víctor miró a Beatriz como si lo que a continuación dijo lo hubiese estado ensayando en su cabeza todo el eterno pero al mismo tiempo breve instante que duró ese silencio encerrado entre la última frase de la conversación y la primera de la despedida.

-¿Te apetece dar una vuelta? Podrías enseñarme París. Bueno, una parte, que París no cabe en una noche ¿verdad? –y Beatriz sonrió. Y asintió, era lo que estaba deseando que pasase, aunque claro está, a él no se lo dijo, entre otros motivos porque no fue consciente de ello hasta que Víctor se lo pidió, curiosa manera ésta de descubrir los deseos propios al oírlos en boca de otro, curiosa y común también, que hasta en los anhelos más íntimos es frecuente que sea otro el que enciende la luz que los ha de hacer visibles. Así que no sabremos nunca si ella hubiese dicho algo parecido de haber callado Víctor.

-Sí, claro que me apetece, será como enseñarle la casa que dejo al nuevo inquilino –y aunque el vértigo no parece una de las preocupaciones de Beatriz, como ha quedado demostrado con el asunto del puente, una especie de nudo de angustia se le formó en el estómago y se precipitó, pecho hacia arriba, hasta la garganta, al imaginar París como una casa a punto de ser abandonada, sábanas encima de los muebles, cajas de cartón marrón precintadas apiladas cerca de la puerta y la angustiosa duda de si todo lo que hay que llevarse está empaquetado. Qué difícil abandonar las cosas que se han llegado a querer y está claro que Beatriz ha querido a París. Acompañó está foto que aún no había hecho con otro pensamiento de muy simple enunciado para la cantidad de información que contenía. *Mañana dormiré en Madrid*. Por eso el vértigo. Al fin y al cabo es el abismo de una nueva vida lo que le espera en unas horas. Por un segundo se queda mirando los edificios que se alzan a las dos orillas del Sena, el Pont des Arts a un lado, la parte superior de Nôtre Dame al otro; en definitiva, todo lo que de París es capaz de visualizar desde el Pont Neuf y en ese segundo tiene la completa seguridad de estar ya recordándolo todo en lugar de observándolo.

De lo que hablaron en los minutos siguientes no hay mucho más que añadir pues ya ha quedado todo reflejado en este relato con anterioridad: qué hacían en París, qué sorpresa y que extraña sensación descubrir que la última noche de una coincidía con la primera noche del otro, fue

Beatriz quien hizo la comparación con el eclipse que tanto entusiasmo a Víctor, aquí ya empezó a pensar él que era una pena no haber cruzado el Pont Neuf un año antes; fue Beatriz la primera en explicar porque se va, luego Víctor intentó averiguar en voz alta y contándoselo a Beatriz el porqué no le hace feliz del todo haber llegado, en definitiva, todo de lo que aquí se ha hablado hasta el momento. De lo que sucedió después y hasta el final de esta historia es de lo que se ocupará este relato a partir de ahora.

.   .   .   .   .

Atraviesan un par de calles, ya están en Rivoli, pero no llegan a Bastille, antes se meten en Le Marais. Es entonces, después de unos minutos caminando, cuando empieza a llover. Nada brusco, sólo una pequeña cortina de agua cayendo con una excesiva delicadeza, como una visita a deshora que todo el tiempo temiese estar de más.

Víctor mira de reojo a Beatriz porque supone, que no desea, a Víctor no le gusta que la realidad le alcance con los pies lejos del suelo y eso que a la realidad la mayoría de las veces le da igual donde tenga Víctor sus pies, que ella dirá algo que romperá el encanto, aún no se sabe porque de repente es tan importante para Víctor mantenerse bajo la lluvia y junto a Beatriz, las dos cosas al mismo tiempo, sin valor aparente por separado. Supone que dirá algo como *llueve, busquemos un sitio donde meternos.* O puede que aún peor, *llueve y es bastante tarde, quizá deberíamos irnos a casa.* Pero Beatriz no dice nada. Beatriz sigue caminando en silencio unos minutos como si la lluvia no fuese con ella. En un silencio que no resulta nada incómodo para ninguno de los dos. Así que Víctor empieza a comprender la poca importancia que puede llegar a tener la lluvia cuando la lluvia no importa y es en ese momento cuando Beatriz se vuelve hacia él y le mira con una curiosidad nueva, como si realmente acabara de darse cuenta de su presencia, a la lluvia sigue sin prestarle la menor atención; mira a Víctor como si ella hubiese regresado en ese preciso instante de algún otro extraño y muy lejano lugar.

-Oye, qué es lo que habrías hecho si de verdad hubiese querido saltar

Habría ido a buscarte al fondo del río, piensa Víctor, totalmente convencido de que es eso exactamente lo que habría hecho aunque no es capaz de precisar el porqué, incluso imagina su propia figura suspendida en el aire, que rara y arbitraria es la imaginación, volando hacia el Sena tras la estela suicida de Beatriz. Pero lógicamente no es nada de esto lo que contesta porque cree que aún es demasiado pronto para este tipo de respuestas. A cambio, se encoge de hombros, quiere disimular, no es porque la lluvia se le cuele por el cuello de la cazadora, hace ya unos minutos que Víctor tampoco le presta ninguna atención a la lluvia, no se equivocaba cuando ha pensado en la poca importancia que tiene la lluvia cuando la lluvia no importa.

-No sé... ¿avisar a la poli? ¿Pedir ayuda? —contesta con los hombros tan cerca de las orejas que parece que le cuelgan de ellas. Beatriz deja de mirarle porque justo lo que Víctor se ha negado a decir es lo que ella deseaba oír. Si ella supiese lo que está pensando Víctor. Si él supiese lo que Beatriz deseaba oír. Si estos diálogos estuviesen regidos por pensamientos incontrolables y no por deseos inútilmente reprimidos. Cuántos quebraderos de cabeza y cuántas pequeñas frustraciones no llegarían nunca a sufrirse. Pero que poco espacio para el misterio al mismo tiempo.

.	.	.	.	.

-¿Sabes? Antes de venir aquí, es decir, hasta hace unas horas y desde hace unos cuantos años, siempre que veía un avión en el cielo pensaba en París. Me resultaba completamente imposible verlos y no imaginarme dentro de ellos, imposible no imaginarme desembarcando en la terminal de pasajeros del Charles De Gaulle. Después me venía otra imagen que era yo llegando en metro al centro de París, saliendo cargado de maletas por una de sus bocas al mismísimo corazón del Boulevard Saint Michel o de Montmatre en busca de una oscura y húmeda habitación de hostal que seguro me esperaba con el mismo fervor con que yo deseaba ocuparla. Por eso, para mí todos los aviones siempre han volado a París.

Y esta simple y, probablemente, por qué no admitirlo, cursi historia que Beatriz acaba de oír de boca de Víctor, es la que le lleva a descubrir que precisamente ahora, unas pocas horas antes de dejar París para siempre, porque París a veces también se acaba, que es ahora, decíamos, cuando por fin se siente dentro del todo de la ciudad y al mismo tiempo y de una extraña manera, también más lejos de lo que nunca ha estado, incluso cuando no era aquí donde estaba. Es en esta noche y en este momento, mientras cruza el puente de Alexandre-III y pasa junto al Museo d'Orsay, con Víctor caminando en silencio a su lado, cuando Beatriz empieza a echar de menos París y no puede evitar sentir cierta extrañeza ante este hecho porque aún está en París y porque hay que tener en cuenta que está pensando en algo que, a pesar de que nunca llegó a tener la sensación de haber poseído del todo, también es algo que está segura de haber perdido ya. Y cómo se puede creer que se ha perdido lo que no se ha poseído es algo que intriga a Beatriz, tanto como el poder echar de menos algo de lo que todavía no se ha deshecho. Igualmente, tiene el convencimiento de que París es ya mucho más de lo que ella será capaz de recordar, de llevarse consigo, hay algunas cosas que no caben ni en la más descomunal maleta y hay algunas cosas que, directamente, son imposibles de atrapar. Pero también está convencida de que una parte de ella ya va a ser París siempre y que nunca será ésta una ciudad desconocida como ahora lo pueden ser Viena, San Francisco o Montevideo. Y piensa que desde mañana y desde el suelo firme de cualquiera de esas ciudades, de cualquier ciudad en realidad, cuando vea un avión atravesar el cielo, pensará en París. Y eso es precisamente lo que termina por decirle a Víctor.

-Jo, ahora creo que a partir de mañana yo también pensaré en París siempre que vea un avión en el cielo. Y puede que hasta me acuerde de esta historia –cual ha sido la intención final de esto último que Beatriz ha dicho sólo ella lo sabe, y a lo mejor tampoco del todo, cuántas veces las intenciones de actos y palabras logran ocultarse tras éstos de tal manera que ni uno mismo es capaz de descubrirlas. Por ahora Beatriz piensa que es muy posible que haya hablado de más y no deja de resultarle curioso teniendo en cuenta que no ha dicho todo lo que se le ha pasado por la cabeza, que se ha parado en medio de la frase como si las palabras hubiesen chocado contra un muro. Otra opinión muy distinta tiene Víctor, que mira a Beatriz y sonríe, que otra cosa puede hacer, sin decir nada, pensando precisamente en si habrá un sentido oculto en lo que acaba de oír y en si todo lo que ha oído es todo lo que Beatriz quería decir, que gran ejercicio de comunicación es también a veces intentar averiguar lo que el otro piensa. Ya tendrán tiempo en el futuro de descubrir que estos silencios, que tanto están abundando entre ambos en los albores de su relación, están repletos de información, que no decir ciertas cosas ya es una forma de decirlas.

·　　·　　·　　·　　·

Esta noche se acaba, piensa Víctor con la angustia agarrada al estómago como una mala digestión. No es otra la sensación que tiene Beatriz cuando piensa lo mismo pero con otras palabras, no están todavía tan compenetrados. Ya está amaneciendo, es lo que se dice a sí misma. El silencio vuelve a instalarse entre ambos, pero está vez les resulta algo incómodo, los dos se dan cuenta. Qué lejos queda el Pont Neuf, no sobre el mapa de París, que a estas alturas ya han dejado atrás la Place de la Concorde y caminan por la Avenue de l'Opera hacia el Sena, en unos minutos estarán nuevamente, y si ellos quieren, sobre el puente donde se han encontrado hace unas horas. Es en la memoria de cada uno donde parecen haber pasado semanas desde entonces, éstas son las cosas que tiene contemplar el pasado en perspectiva, por otra parte, la única manera que hay de hacerlo, que dé un paso al frente el que conozca otra forma de mirar hacia atrás en el tiempo.

Y si esta noche se acaba, esta historia también, pues será el amanecer quien les ponga el punto final a las dos, no hay que olvidar que Beatriz estará en Madrid a la hora de comer, así que resultará inútil alargarlo más allá de lo imprescindible, ellos si lo harán, pero tienen miedo, hay que recordarlo y la prudencia parece aconsejar en estos casos no descubrir todas las intenciones de golpe, así que pasarán unos minutos dosificando la información que se dan para al final soltarla toda a borbotones, que la prudencia, de la que ambos andan sobrados, también aconseja no dejar cabos sueltos. Y es por esta aparente contradicción por la que estirarán este momento hasta lo imposible. Pero aquí no tiene sentido hacer lo mismo. Simplemente aclarar que Víctor no quiere que Beatriz se vaya de París, aunque no hay forma de decírselo, eso parece claro. Y Beatriz sabe que ahora sí que no puede quedarse, el porqué, que sea ella quien lo explique si se siente capaz.

Ahora llegan al Pont des Arts, parece que no irán más lejos, no juntos al menos, así que también parece casi seguro que no llegarán al Pont Neuf, no lo han hablado pero así será, por alguna extraña razón prefieren dejar este círculo sin cerrar, por alguna extraña superstición creen que el tramo que dejarán pendiente será la puerta por la que volver a colarse dentro de él más adelante. Se sientan en un banco de madera, sobre Nôtre Dame las primeras luces del día, detrás de la Torre Eiffel las últimas oscuridades de la noche, encima de ellos el instante imposible en que ambas se juntan.

Podría venir a verte, no lo ha preguntado, lo ha afirmado y habría que haber vivido toda la vida junto a Beatriz para saber cuánto le ha costado pronunciar estas últimas palabras y para entender porque lo ha hecho mirando al frente, al Pont Neuf, no a Víctor, y porque aún le tiemblan esas palabras en la garganta unos segundos después de haber salido, como si hubiesen dejado una corriente de aire tras de ellas.

Víctor la mira e intenta sonreír pero no logra esbozar más que una mueca que en algún momento podrá llegar a parecerse a una sonrisa como un gusano puede llegar a parecerse a la mariposa en que se convertirá, pero que por ahora es sólo eso, una mueca. Víctor mira a Beatriz y se siente incapaz de decir nada, puede que por eso sólo se le oiga murmurar, *estaría genial, puedes venir cuando quieras*. De todo lo demás que le gustaría decir, *quédate, el fin de semana por lo menos; ven cuanto antes; esta noche ha sido inolvidable*; de todo esto, ni una palabra, así que cuando Beatriz se vuelve hacia él, con las palabras aún temblándole en la garganta, conviene recordarlo para comprender el porqué ella tampoco añadirá nada más, y los dos se quedan mirándose, es en ese preciso instante cuando tienen la sensación de haberlo hecho por última vez como dos extraños. No sabrían explicar el porqué pero sí han notado que algo viejo se ha quedado definitiva- mente atrás y que algo nuevo acaba de empezar, como si al abrir una ventana, el aire cerrase de golpe una puerta, y con esta imprecisa forma de avanzar, dando pasos dentro de la niebla más densa, consiguen derribar la última de las barreras y se abrazan, es breve pero visto desde fuera es evidente que dura más de lo que suele durar un simple abrazo de despedida. Que difícil les está resultando acabar. Las cosas a veces suceden así y no se puede hacer nada más, de modo que cuando se separan, besos y promesas aparte, Víctor se vuelve y empieza a andar hacia su oscura y húmeda habitación de hostal y no es capaz de girarse para ver por última vez a Beatriz. Beatriz no, Beatriz se ha quedado unos segundos contemplando como Víctor se aleja. Luego ella también echa a andar, en dirección con- traria, estrujando en la mano que guarda en el bolsillo de su abrigo el papel con la dirección de correo de Víctor, y a medida que la distancia que los separa se va agrandando ninguno de los dos puede dejar de pensar que ésta no será más que el tamaño del puente que cruzarán para volver a encontrarse.

Al final y después de todo, de esto es de lo único que están completamente convencidos.

NUNCA SERÁS CHARLY GAUL

Se limpia la boca con el dorso sucio del guante y un instante después vuelve a agarrarse con firmeza al manillar. En los dos o tres breves segundos que ha durado esta maniobra su expresión no se ha inmutado lo más mínimo. Continúa con la mirada perdida, clavada en algo que parece que solamente él viese y que siempre estuviese unos metros por delante. Por mucho que corra, por muy deprisa que quiera ir, ese *algo* que supuestamente hay delante siempre va más rápido, siempre estará por alcanzar. Ese *algo* que va, al menos tan rápido como él. Si hiciese sol y si lo llevase a su espalda, diría que lleva una hora persiguiendo a su sombra.

Pero no hace sol. De hecho, es uno de los días más infernales posibles para andar sobre una bici que puedo recordar. Hace frío, tanto que la lluvia es casi nieve. Y viento, un viento helado del norte, fuerte, de cara, que corta el rostro como una cuchilla, que hiela el sudor bajo las ropas de abrigo y la saliva en la comisura de los labios. Por eso se ha secado inmediatamente después de beber, para evitar que la mezcla de frío, aire y restos de humedad le agriete los labios y le produzca decenas de diminutos cortes.

Hace un rato me llegué a preguntar si parpadeaba siquiera, de tan hierático como le veía. Su rostro, siempre pétreo en carrera, hoy lo es más, con esa máscara de barro y grasa que le cubre por completo del cuello hasta la frente, anulando cualquier posibilidad de reflejar el más mínimo gesto, el más mínimo rasgo de expresividad. Hace un rato no podía ver sus ojos, que aún estaban cubiertos por sus sempiternas gafas negras, ocultos al mundo. *La mirada es lo primero que se deforma cuando te fallan las piernas*, suele decir desde que corría en aficionados. Ya entonces creía poder adivinar el estado de sus rivales sólo mirándole a los ojos. Y lógicamente creía que en la negrura de los suyos propios cualquier rival podría leer el menor atisbo de debilidad, el punto en el que se volvía vulnerable. Por eso siempre se empeñó en ocultarlos. Para no dar más pistas de las imprescindibles.

Pero parpadea. Lo he comprobado en cuanto se ha quitado las gafas. Lo ha hecho sin grandes aspavientos y economizando gestos a la hora de guardárselas en el bolsillo del maillot, donde, a estas alturas, ya deben de estar completamente inutilizables, bruñidas de sudor, barro y agua. Igual daría que las tirase.

Pues éste puede que haya sido el gesto más excesivo, más humano, que se ha permitido desde hace horas. Parpadear.

¿Qué miras, Charlie? ¿Qué ves que los demás no somos capaces? ¿De quién huyes o a quién persigues?

Hay algo absolutamente mecánico en la forma en la que va sobre la bici desde hace un rato. Una constancia y una precisión casi inhumanas, tanto en la posición en la que se mantiene, como en la cadencia con la que pedalea. No acelera, no frena, no mueve un músculo que no esté implicado en el acto de pedalear. Sus piernas son como dos émbolos que alternativamente presionasen los pedales, siempre con la misma frecuencia, siempre con la misma intensidad, y así podrían estar trabajando durante un tiempo infinito mientras permanezcan conectadas a su fuente de energía.

El agua que traspasa las rendijas de ventilación del casco le chorrea por las mejillas y la frente pero es como ver llover sobre una estatua, su realidad y la de la lluvia no existen en el mismo plano. Es como si para él no lloviese.

Acelero un poco y me acerco a él, no sé muy bien el porqué ni para qué, ni siquiera cuando empiezo a bajar la ventanilla estoy muy seguro de que voy a decir.

¿Necesitas algo? No me mira, no se inmuta. Diría que no me ha oído, que ni siquiera se ha percatado de mi presencia. Pero en seguida me saca del error.

¿Cuánto? Me dice sin mirarme. Esa pregunta, que es al mismo tiempo respuesta, *saber cuánto llevo es todo lo que necesito*, me golpea con brutalidad. Estaba tan extasiado contemplándole pedalear que casi había olvidado que no está solo, que una jauría viene por detrás. La Bestia. Las Bestias. Y que él hoy es la presa. Que él ha elegido ser La Presa.

Uno veintisiete en Orchies; le contestó consultando antes con el mecánico que apunta en su pequeña libreta todas y cada una de las referencias que recibimos. Todos y cada uno de los pequeños acontecimientos que finalmente conforman el entramado de esta historia, de esta bendita locura.

Asiente con un gesto tan leve que parece un pequeño espasmo de su cuello. Cierro la ventanilla y respiro hondo. El aire frío me apelmazaba el pecho y me encogía los bronquios. Maldito asma. Entonces el corazón me da un vuelco dentro del pecho: le he visto temblar, a él y a su bici. Parecía que se iba a caer. Pero de repente nuestro coche se ha vuelto loco, ha comenzado a sufrir los mismos espasmos y me he descubierto a mí mismo, con estupor, recordando donde estoy. Por si acaso, un cartel a mi derecha me da una pista. *Secteur 11. Auchy-lez-Orchies à Bersée.* Sí, es cierto, lo había olvidado. A fuerza de concentrarme en el Instante casi olvido lo Absoluto. Casi olvido que esto es la París-Roubaix, que ese que va delante, en cabeza de carrera, es mi hermano pequeño y casi olvido que hoy es el peor día para andar en bici que recuerdo. Al menos el peor desde el ocho de junio de mil novecientos cincuenta y seis.

.   .   .   .   .

Charlie tiene diez años. Está sentado en el suelo. Delante de él, abierta, tiene una caja enorme con cientos de papeles. Cartas, revistas viejas, folios con anotaciones, postales, recortes de periódico. Nuestro padre está a su lado. Colocando libros en estanterías. Yo le ayudo, le voy dando los libros para que los coloque en las estanterías más altas y coloco los que él me dice en las de abajo.

¿Quién es este? Pregunta Charlie con un recorte de L'Equipe en la mano.

Charly Gaul, el más grande. Contesta nuestro padre colocando un lote de libros de cualquier manera y acuclillándose junto a mi hermano. Yo me pongo de rodillas detrás de ellos.

¿Charly Gaul? ¿Charly? ¿Cómo yo?

Casi. Tú eres Charlie, y el Charly. Pero suena igual.

¿Me llamo Charlie por él? Pregunta mi hermano poniendo su dedo índice encima del ciclista que nos mira ausente, como si pudiese ver más allá de la foto y de nuestros cuerpos. Como si su mirada pudiese viajar a través del tiempo y del espacio.

Sí, pero es un secreto. Mamá cree que es por el abuelo Carlos. Papá le guiña un ojo y luego se vuelve para mirarme a mí y guiñarme otro. No se lo digáis a nadie.

¿Y quién es? ¿Por qué es el más grande? Papá se sienta en el suelo frente a nosotros y coge el recorte. Por un instante se abstrae contemplándolo, el papel parece que fuese a desintegrarse en sus manos, a desmenuzarse en un fino polvo amarillo. Con cuidado lo coloca encima de otros papeles.

¿Sabéis qué le llamaban "El Ángel de la lluvia"? Negamos con la cabeza, con los ojos muy abiertos y la boca muy cerrada. Os voy a contar porque. Entonces papá comienza a contarnos la historia de Charly Gaul. No toda la historia de Charly Gaul, no. Sólo la del ocho de junio de mil novecientos cincuenta y seis, en el Giro de Italia. En el Monte Bondone.

Mirad por la ventana. ¿Habéis visto que buen día hace? Si no fuese porque tenemos que colocar todo esto podríamos estar fuera, dando un paseo con las bicis ¿verdad? Igual que hace treinta años, puede que alguno más. Algo así debieron de pensar los ciclistas que corrían aquel Giro. *Vaya, que buen día hace hoy para correr.* Luego, mientras empezaban a subir puertos, el día incluso fue mejorando. Iba líder un italiano, Fornara, que además era favorito para ganar aquella etapa. Seguro que se las prometía muy felices. La etapa acababa en el Monte Bondone, que es un puerto duro pero no como para morirse. No es como el Alpe d'Huez o el Tourmalet. El caso es que cuando bajaban el penúltimo puerto, el cielo, como por arte de magia, comenzó a oscurecerse. Se llenó de nubes negras, tan negras que parecía que la noche llegaba corriendo, antes de tiempo. La temperatura bajó, empezó a hacer mucho frío. Cuando estaban a punto de comenzar a subir el Bondone, comenzó a nevar. Hacía diez bajo cero. ¡Diez bajo cero! ¿Os acordáis de ese día que estuvimos en la nieve el invierno pasado, que pasamos tanto frío que se nos congelaban los cordones de las botas? Pues ese día "sólo" hizo tres, puede que cuatro bajo cero. Así que imaginar cuanto frío es diez bajo cero. Bueno, pues los ciclistas comenzaron a quedarse descolgados. Muchos abandonaron. Bahamontes, el líder Fornara... todos ellos no pudieron seguir. Otros se metían en las casas por las que pasaban para calentarse algo y reanudar la marcha un poco después. Charly Gaul no. Charly Gaul siguió. Continúo pedaleando, sin detenerse. Poco a poco se fue quedando solo. Nadie podía soportar su ritmo. Porque nadie podía soportar aquel frío. Aquella nevada. Nadie salvo él. Estaba medio congelado, no llevaba ropa de abrigo. Su maillot, su culotte y un chubasquero muy finito que apenas le cubría. Y su pedalada. Pedalear le mantenía caliente. Finalmente ganó la etapa, sacó ocho minutos al segundo y se puso líder. Cuando entró en la meta, se desplomó inconsciente. Al día siguiente era incapaz de recordar nada de los últimos cinco kilómetros. Simplemente no sabía cómo había llegado a la meta, pedaleaba de forma automática. Pero ganó el Giro. Y es que cuando todos, cuando todo se encogía, Charly Gaul desplegaba sus alas y volaba. Por eso lo de Ángel. Por eso era el más grande.

Charlie y yo le miramos absortos. Papá sonríe.

Yo seré como Charly Gaul. Papá y yo miramos a Charlie sorprendidos. Años más tarde comentaríamos decenas de veces aquella escena. Le diría que lo que más me sorprendía de aquella afirmación fue la determinación con que la hizo. Seré Charly Gaul. Nada de: quiero ser como Charly Gaul. No. Seré como Charly Gaul. Como si fuese algo que sólo dependiese de su determinación, de su deseo.

¿En serio? ¿Ganarás una etapa un día de mucho, mucho frío?

Sí, claro. Si Charly Gaul pudo, yo también. Papá vuelve a sonreír y al incorporarse para seguir colocando libros, le alborota el pelo con la mano.

Claro que sí. Charlie… Gaul.

Tú nunca serás Charly Gaul, le digo yo incorporándome también.

¿Por qué no? Puedo ser lo que quiera.

Porque no. Porque él era buenísimo y tú eres un enano. La lógica a los doce años nunca posee demasiada consistencia ni demasiada profundidad. A los diez a veces sí y mi hermano me lo demuestra inmediatamente después.

Idiota, es que ahora tengo diez años, pero voy a crecer y seré como Charly Gaul, ya verás. Te lo juro.

·   ·   ·   ·   ·

Acabamos de salir de Mons-en-Pévèle. Uno de los tres tramos cinco estrellas. El primero, Arenberg, lo dejamos atrás hace casi cincuenta kilómetros, para el siguiente, el Carrefour de l'Arbre, quedan poco más de treinta. En medio, un infierno. Helado.

¡Uno treinta y nueve! Estalla el mecánico al oír la referencia en la radio. Miramos la pequeña televisión que llevamos en el salpicadero y le vemos de cara, continúa con la misma expresión. Ni siquiera se inmuta cuando la moto le adelanta y le enseña la pizarra con la nueva referencia. La ha mirado un instante y luego ha vuelto a poner su vista en el frente. La rueda trasera de la moto le salpica

la cara de barro al alejarse. Se limpia ligeramente los ojos con el pulgar y el índice de la mano izquierda y vuelve a agarrarse al manillar.

Vamos, Charlie, vamos, que son tuyos; pienso al verle hacer ese gesto. Luego lo mascullo entre dientes. ¿Qué? Me dice el mecánico dejando, por un instante de atenderle a él y mirándome a mí. Teme que me haya dado cuenta de algo que a él se le esté pasando por alto. En lugar de contestarle, acelero y me vuelvo a poner a su lado. Bajo la ventanilla. *¡Vamos, vamos, Charlie, son tuyos, joder, son tuyos, vamos campeón!* Le grito completamente descontrolado. Ha sido al recibir la última referencia cuando he sido plenamente consciente de que tiene muchas posibilidades de ganar esta París-Roubaix. Y en ese mismo instante he sido también consciente de que puede perderla. Que de hecho, lo único que puede impedir que la gane, es que la pierda. Y este razonamiento, tan aparentemente absurdo por contradictorio es el que me ha desbocado el pulso. Puede perder la París-Roubaix... pero sólo porque la está ganando.

Y ha sido, cuando he cerrado la ventanilla de nuevo, cuando he oído al mecánico decir *vaya puto día infernal, se tiene que estar congelando*, ha sido entonces, decía, cuando por primera vez en todo el día he pensado en Charly Gaul. Y en Charlie Gaul.

¡Joder! ¡Joder, joder! ¡Qué cabrón, ya sé lo que mira! ¡Ya sé lo que ve! Exclamo volviendo a su lado. Vuelvo a bajar la ventanilla. *¡Vamos, Charlie, vamos! ¡Lo tienes, lo tienes! ¡Charlie Gaul, eres el puto Charlie Gaul!*

Le grito sacando medio cuerpo por la ventanilla, desquiciado, dejando que la lluvia me empape la cara. Entonces me ha mirado. Se ha girado, ha girado su cabeza unos cuarenta y cinco grados y me ha mirado. Y de su máscara de barro ha salido una sonrisa. Y desde ese instante los dos hemos sabido. Yo lo que él persigue. Él que yo lo sé.

.　　.　　.　　.　　.

Estamos en una habitación de hotel en los Alpes, hace casi tres años. Es prácticamente medianoche, finales de julio. Le acabo de contar que éste será mi último Tour de Francia. Que éste será mi último año. Lo dejo, sólo hay una oferta para seguir y no me convence, no lo suficiente como para seguir. Es de un equipo pequeño y sólo podría hacer el calendario español y portugués, tal vez alguna prueba menor en Italia y Francia. Nada de Tour. Nada de clásicas. Ni siquiera París-Niza o Dauphiné. Él es el primero en saberlo, está claro. No está corriendo este Tour por una lesión. Hace dos meses se fracturó la muñeca entrenando.

Puede que yo también haya corrido mi último Tour… pero no lo sabía entonces; me dice sonriendo. Lo cierto es que no tenía la plaza asegurada en el equipo. Su último año fue algo irregular, por debajo de las expectativas de todos. Y hay gente muy buena en el equipo. Pero estaba entrenando muy duro para conseguirlo. Hasta la caída. Ahora se prepara para la Vuelta pero ha hecho un alto de una semana y se ha venido a ver las etapas de los Alpes.

En tres días estaremos cenando todos juntos en algún restaurante parisino celebrando, sobre todo, que hemos llegado hasta allí.

¿Sabes? Este sitio es la hostia. Me refiero a los Alpes. No me había dado cuenta de lo bonito que es todo hasta estos días. Nunca había venido aquí fuera de competición. Tenemos que venir de vacaciones. La noticia le ha pillado por sorpresa y la conversación parece incomodarle. Se ha acercado a la ventana y mira hacia fuera, rehuyendo cualquier contacto visual conmigo.

Si, precioso. Déjalo tú también y venimos el año que viene. Se vuelve y ahora sí me mira. Se apoya en una pequeña mesita que hay cerca de la cama y se cruza de brazos sonriendo.

Me va a joder. Me va a joder muchísimo. Hay días que ya me costaba salir a entrenar pero ahora… ahora sí que me va a costar. Me dice agarrándose la muñeca herida. Luego me mira negando con la cabeza. Hijoputa traidor… esta me la pagas.

Vamos, no jodas. A ti todavía te quedan un par de años mínimo. Todavía puedes hacer cositas. No sé… todavía puedes ganar aquí. Se sorprende al oír mi última afirmación y abre los ojos mucho, como cuando era pequeño y nuestro padre nos contaba historias de Gaul, de Merckx y Ocaña, de De Vlaeminck. De Coppi y Bartali. Luego se acerca de nuevo a la ventana.

El puñetero Alpe d'Huez ¿eh? Jodida montaña maldita… No lo he pensado cuando le he dicho que podía ganar aquí y ahora me acabo de dar cuenta. Odia el Alpe d'Huez. Y lo ama. Así son las relaciones del ciclista con la montaña. La misma dosis de atracción que de rechazo. Y él puede que no ame ni odie a otra montaña como a ésta. Hace tres años llegó al pie del puerto, a ese puente sobre el río desde el que quedan quince kilómetros justos para la meta, con más de cuatro minutos de ventaja. Los había cogido bajando el Galibier, subiendo la Croix de Fer. En su descenso. Los había cogido y los había guardado como un tesoro. Perdió unos pocos en el tramo llano hasta Bourg d'Oisans pero fue deliberado, pretendía administrar sus ya escasas energías. Empezó a subir con firmeza, con buena cadencia, sin estridencias, como sólo puede subir alguien con casi ochenta kilos de peso. A ritmo. A diez kilómetros de la meta tenía todavía tres minutos y medio. A siete aún le quedaban casi tres. Le habían recortado un minuto y unos pocos segundos en media subida, parecía hecho. Entonces, a seis kilómetros de la meta, en una rampa al doce por cierto, el Alpe le dio un mordisco. Seco. Brutal. A traición y despiadado. Lo sintió. Sintió el dolor intenso en las piernas, como los bañistas deben de sentir la mordedura del tiburón. Y después nada. Sin dolor. Sin fuerzas. Puso todo el desarrollo que tenía, recurrió a la experiencia e intentó dosificar, regular. En realidad, lo que hizo fue subir como pudo. Como tantas veces. Como tantos otros en este mismo lugar. Detrás, Las Bestias se despertaron y comenzó una brutal lucha de la que él sólo fue espectador, víctima colateral. A dos kilómetros de meta, uno para la cima, fue superado por cuatro corredores que parecían jugarse la carrera desde una trinchera. Fue, ha sido, el día más duro de su carrera deportiva. Y siempre que habla del Alpe d'Huez, aunque no sea para referirse a ese día, lo hace con un poso de amargura, igual que se habla de una antigua novia a la que se sigue queriendo por mucho tiempo que haga que ya no esté junto a uno.

Quiero saber una cosa. Me dice dejando la ventana nuevamente y el Alpe y su historia maldita.

Dime.

¿Te acuerdas del día que papá nos contó la historia de Gaul en el Bondone?

Sí, claro.

¿Por qué me dijiste que nunca sería como Gaul?

¿Por qué me preguntas eso? Si lo hemos hablado ya mil veces.

Ya. Pero siempre hemos hablado de lo que dije yo, de papá… pero nunca hemos hablado de porque tú me dijiste que nunca sería Charly Gaul.

No lo sé, era un crío. Le miro y me doy cuenta de que espera algo más. ¿Te acuerdas de cuando llegábamos a casa del cole y mamá había comprado dos bollos distintos pero los dos queríamos el mismo? O de cuando nos compraban dos tebeos o dos *playmobil* distintos y nos daban a elegir ¿lo recuerdas? Pues siempre me ganabas. Siempre. Eras más rápido. Hablando y actuando. Mamá ponía la palmera y el cuerno y tú te lanzabas a por el cuerno gritando *¡me lo pido!* Y yo me quedaba rabiando, frustrado. Me mosqueaba contigo porque hubieses cogido lo que yo quería pero sobre todo me mosqueaba conmigo por no haber sido más rápido. Y me prometía que la siguiente vez sería yo el más rápido. Aquel día, el día de Gaul, lo volviste a hacer. Un segundo antes de que dijeses *seré como Charly Gaul*, yo estaba pensando *voy a ser como Charly Gaul*. Pero aquel día no fue un bollo o un tebeo lo que me quitaste, fue una promesa, un sueño. No era como decirle a mamá *cómprame otro cuerno a mí la próxima vez*, tampoco podría leerme ese tebeo después de ti. Y no tenía sentido que dijese *y yo también seré como Charly Gaul*. Ya sabes cómo funcionan las cosas de críos y *me lo pido* era, es y será la Ley Fundamental por la que te riges a esa edad. Simplemente, yo ya no podía ser Charly Gaul. Te lo habías pedido tú. Así que creo que lo que hice, decirte que nunca serías Charly Gaul, fue una manera de arrebatarte el sueño, para tirarlo a la basura. Si yo no podía, tú tampoco.

Charlie se ríe con una gran sonrisa.

Hijo de puta, ya te vale. ¿Pero sabes qué? En lo más hondo, en lo más profundo de mí, esa frase me ha perseguido toda la vida, me sigue persiguiendo. Casi ni me doy cuenta pero a veces, pocas pero algunas, me sorprendo a mí mismo, entrenando, o en medio de una carrera, a punto de desfallecer, de venirme abajo mentalmente y pensado *joder, no, tengo que seguir un poco más... para ser como Gaul* y entonces es como si encontrase dentro de mi algo que no sabía que tenía, como un instinto o puede que sea un rincón inaccesible al resto del mundo en el que soy intocable. Pienso en Gaul y en que me dijiste que nunca sería como él y eso me hace seguir mucho más allá de lo que podría soportar si no lo tuviese. Así que creo que te tengo que dar las gracias... después de todo.

Unos meses más tarde, en otra habitación de otro hotel, esta vez muy cerca de casa, a punto de comenzar la primera temporada en la que yo no estaría en el pelotón, me contaría que había pensado mucho en aquella noche, en la noche de Alpe d'Huez y en aquella otra tarde de muchos años antes en la que nuestro padre nos contó la historia de Charly Gaul y el Bondone y en la que Charlie me robó el sueño por menos de lo que dura un suspiro. Había pensado mucho, sobre todo cuando empezó a salir a entrenar solo y había descubierto algo que le aterró.

Me he equivocado. Toda mi carrera ha sido un error y tú tenías razón. Nunca he sido Charly Gaul. Ni me he parecido siquiera. Toda mi carrera la ha pasado persiguiendo un fantasma.

¿Pero qué dices? Pues claro que no has sido Charly Gaul, joder. Gaul sólo hubo uno. Igual que Miguel nunca fue Merckx. Ni Perico fue Ocaña. Ni yo he sido nada que no sea otra cosa más que yo mismo. Pero eso no quiere decir que haya sido un error.

No. No lo entiendes. No me refiero a eso. Después de hablar contigo aquella noche, la del Alpe, he pensado mucho en todo lo que dijimos. Bueno, en todo lo que dije yo, lo que te conté de que toda la vida me la he pasado intentando demostraros que podía ser como Gaul. Y ese ha sido mi error. Mi gran fallo. El error de mi vida.

Me pierdo.

Ya. Escucha. Mírame. Mira mi cuerpo. Uno ochenta y seis. Setenta y cuatro kilos en plena forma. Espaldas anchas y muslos gruesos. ¿Te parezco la imagen de un escalador?

Pero qué dices, Charlie. Vale, no eres Pantani ni Perico, pero siempre has estado ahí, en la montaña, siempre has sido de los *capos*, has tumbado a gente mucho más pequeña y ligera que tú. A mí me fundías cuando te ponías a ritmo.

Ya, ya. Pero sabes qué. Puede que si lo hubiese enfocado de otra forma, preparándome para otro tipo de pruebas, ahora estuviese más cerca de Gaul. Lo que quiero decir, continuó al ver mi cara de desconcierto, es que he querido ser como Gaul, literalmente. No entendí bien la historia de Gaul. Él hizo lo que hizo en la montaña porque él si era escalador. Pero lo que le impulsaba a hacer esas cosas en las montañas, le habría impulsado en cualquier lugar, aunque ni siquiera hubiese sido ciclista. Cuando el entorno se volvía decididamente hostil y los demás se encogían, él sacaba sus alas de ángel y volaba, eso dijo papá ¿recuerdas? Y eso era lo que tenía que haber aprendido. No perseguir que un día diluvie para ganar una etapa de montaña.

Pero eso lo aprendiste; digo después de pensarlo un poco. Tú mismo dijiste que te refugiabas en aquella historia cuando estabas derrotado. Y que eso te hacía continuar. Esas han sido tus alas.

Si, es cierto. Pero no es exactamente eso con lo que tenía que haberme quedado. Y en cualquier caso, no fue eso ni lo único ni lo más importante que me quedó de todo aquello. Siempre he querido ser escalador sólo porque

Gaul lo era. Y creo que he tirado a la basura muchos años de cualquier otra cosa.

Luego me confesaría que ya había hablado con el director del equipo y que le había planteado la posibilidad de cambiar los objetivos, quería probar en las clásicas de Bélgica y del norte de Francia, quería hacer toda la primavera del norte de Europa y correr sólo una de las tres grandes. Quería reinventarse en plena madurez deportiva, al borde de los treinta. El director aceptó a regañadientes pero la promesa de ganar una etapa en el Tour le terminó de convencer. Luego, diversas e impredecibles circunstancias hicieron que, al final de esa temporada que nacía, el director dejase su puesto y el ciclismo y que el patrocinador me ofreciese a mí el cargo. Desde ese instante tuvo la total libertad para preparar su propio calendario. Corrió las carreras que creyó conveniente y se marcó los objetivos que le parecieron apropiados.

Una tarde de primeros de octubre, en un café cerca del lago Como, en mitad de una conversación sobre algo que no era ciclismo, puede que sobre cine o sobre mi primera hija, me miró muy serio y me dijo *el año que viene voy a ganar a la París-Roubaix* y su voz sonó con la misma rotundidad y convicción que casi veinte años antes, cuando nos dijo a mi padre y a mí, pero sobre todo a sí mismo *seré como Charly Gaul.*

. . . . .

Tres momentos. La historia de la París-Roubaix de este año se contará, como las grandes Tragedias Griegas, siguiendo la regla de los tres actos.

Acto uno.

Bosque de Arenberg. O como lo llaman por aquí Tranchée o Trouée d'Arenberg. Uno de los templos más sagrados del ciclismo. A casi cien kilómetros de la meta, casi nunca decide el ganador pero ya coloca algunos nombres en la lista de perdedores. Son apenas dos kilómetros y cuatrocientos metros de una recta perfecta, trazada con tiralíneas, en ligerísima cuesta abajo con un empedrado salvaje, apenas transitable para los coches, que llegan a golpear sus bajos contra los adoquines en las zonas más abruptas. Los motoristas pasan puestos de pie sobre sus motos. Los ciclistas pasan sentados. Así es este deporte. Absurdo como pocos, hermoso como ninguno.

Ha sido al salir de Arenberg cuando el cielo ha empezado a cubrirse de nubes oscuras, tan negras e inmensas como la sombra de una montaña. Aunque esta mañana, al salir de Compiègne hacía algo de frío, la previsión era que cerca del mediodía la temperatura se situaría cerca de los quince grados, y que incluso saldría el sol. Pero no ha sido así. Y veinte kilómetros antes de llegar a Arenberg un compañero de equipo ha bajado al coche a por bidones y me ha pedido unos manguitos. *Son para Charlie, dice que se va a joder el día.* Se los he dado y luego he mirado al cielo. Estaba cubierto, sí, pero no por nubes que amenazasen con descargar. Entonces me he acordado de que, cuando empezamos a correr, a los trece o catorce años,

Charlie se leyó libros y libros sobre meteorología. Quería saberlo todo, saber cuándo iba a llover y como, cuándo iba a soplar viento y con qué fuerza. Se aprendió los nombres de los distintos tipos de nubes y lo que escondían. Leyó sobre corrientes de aire y presión atmosférica. Con dieciocho años era capaz de predecir una tormenta con dos horas de antelación. Casi nunca fallaba. En carrera, jamás.

Charlie se ha colocado en cabeza del pelotón al entrar en el Bosque, ha agarrado con firmeza a la parte alta del manillar y ha acelerado. Todo se ha tensado, como la cuerda de un arco, como la soga de un ahorcado. Los demás favoritos han intentado seguir su ritmo, un pequeño baile entre los que pretendían llegar precipitadamente a los puestos de cabeza porque el estruendo de los tambores de guerra les había pillado demasiado retrasados y aquellos que buscaban la comodidad del barro y el césped de la cuneta ajenos a las cuitas de los insensatos, un traspié, un francés que ha ido al suelo y el corte ya se había hecho. En cabeza, apenas han quedado veinticinco corredores. Y Charlie ha hecho todo el tramo en cabeza, como si la carrera acabase al salir del Bosque.

Antes de llegar al tramo de Wallers à Hélesmes, el siguiente sector de pavés después de Arenberg, ya estaba lloviendo. Después de tomarse un respiro de unos pocos minutos, Charlie ha vuelto a coger la cabeza y a acelerar el ritmo. En un kilómetro y seiscientos metros ha dejado el grupo en menos de veinte.

Acto dos.

Hornaing à Wandignies, sector dieciséis, el más largo de la carrera. Tres kilómetros y setecientos metros. La misma maniobra que en Arenberg y Wallers. Ha cogido la cabeza cuando sólo llevaban cien metros de sector. Pero esta vez ha sido diferente. Esta vez se ha agarrado a la parte baja del manillar, ha metido un piñón más pequeño y ha incrementado el ritmo en cinco o seis kilómetros por hora, algo innecesariamente desmesurado para este tipo de recorrido, para este momento de la carrera. Y entonces se han desatado tempestades. En el cielo y en la carrera. El viento ha empezado a soplar con fuerza, la lluvia ha arreciado con la furia de una venganza. En una curva a la derecha, la rueda de atrás le ha patinado levemente, lo hemos visto por el monitor y el corazón se nos ha revuelto en el pecho. Casi se cae pero se ha hecho con la bici. A la salida de la curva ha mirado la rueda, como amenazándola, *no me la juegues hoy que te mato*, luego, sin volverse todavía hacia delante, en un segundo, ha levantado la mirada y ha vistos los rostros tensos, ateridos de frío de sus rivales. Y ha visto el desconcierto en sus ojos. Éste no era el plan. Entonces sí se ha girado, ha vuelto la mirada al frente, ha metido otro piñón más y ha atacado. No ha sido un acelerón. No ha sido una bravuconada, no pretendía medir fuerzas e intenciones. Ha sido una apuesta definitiva, un ataque furibundo, lleno de ira y rabia. Han sido dos kilómetros insólitos en la historia moderna de esta carrera. Ha sido como ver a alguien ajustar todas las cuentas pendientes con su vida antes de morir.

¿Qué hace, qué hace? Ha dicho el mecánico asistiendo tan atónito como todos nosotros a ese arranque de locura. Y eso precisamente es lo que ha dicho. *Se ha vuelto loco, queda una vida todavía. ¿Tú lo sabías?* Me pregunta volviéndose hacia mí. Creo que espera oír que detrás de esto hay un plan, que obedece a algo más concreto que un arrebato de imprudencia y arrojo. *Qué cojones voy a saber yo, no tenía ni idea*; contesto sin apartar la vista de la carretera. *Ni puñetera idea.*

Al salir de Hamage llevaba veintiún segundos, al entrar en el siguiente sector, casi ocho kilómetros después, ya eran treinta y seis segundos. Llovía, soplaba un insoportable viento de cara. El termómetro del coche nos ha dicho que fuera había dos grados de temperatura. Quedaban más de setenta kilómetros hasta el Velódromo.

Acto tres.

Carrefour de l'Arbre. A diecisiete kilómetros de meta. La diferencia ha llegado a ser de dos minutos y ocho segundos. Eso ha sido hace unos quince kilómetros. En ese momento, el suizo ha atacado, los dos belgas le han seguido y los tres han hecho su apuesta. Han comprendido que la carrera se les escapaba y que si querían tener alguna opción de ganarla, sería primero colaborando entre ellos.

Al salir de Camphin-en-Pévèle, la diferencia era un minuto y veintidós segundos. Al entrar en el Carrefour de l'Arbre tres kilómetros después, la diferencia es un minuto y diez segundos, cuatro segundos por kilómetro. Si lo mantiene, la carrera será suya.

Ya no llueve. Pero sigue soplando el viento de cara. Puede que más fuerte que antes. Pero Charlie no busca el abrigo de la cuneta, se mantiene en el centro de la calzada, y hay que apuntar que aquí la palabra *calzada* adquiere su sentido más literal y remoto. Estos caminos cuentan sus edades por miles de años. Existían hace tanto que parecen traídas de otro mundo, de otras vidas.

Ha perdido algo de aplomo en su postura. Ya no parece tan recio como unos kilómetros antes. Me he dado cuenta justo cuando ha abandonado el pavés. Tras el traqueteo acostumbrado del adoquinado, el asfalto no le ha devuelto el hieratismo a su figura. Abre un poco los codos, parpadea con furia, como intentando apartar el barro de los ojos, o puede que sea algún mal pensamiento de su mente. Las piernas siguen pegadas al cuadro y las puntas de los pies levemente alzadas. El pedaleo sigue siendo redondo. Me tranquiliza comprobarlo. Ahora ya parece un humano y eso, incomprensiblemente, me devuelve algo de paz.

Vamos, Charlie, vamos. No mires atrás, no pienses que puedes perder. Diálogo con él en mi cabeza pero en realidad es a mí mismo a quién le digo que no piense que puede perder. *No puede perder.* Esta vez lo digo en voz alta. El mecánico se vuelve hacia mí como si un resorte activase su cuello. *¿Seguro? ¿Tú crees que no? No lo sé, joder, no lo sé. Creo que no... pero puede que sí.* Suspira, bufa, apoya las manos en el salpicadero del coche y tamborilea nervioso.

Cincuenta y siete segundos al salir del Carrefour de l'Arbre. Le han quitado trece segundos en dos kilómetros.

Quedan doce. Ya no es suficiente. Acelero y me coloco casi a su lado pero cuando voy a bajar la ventanilla me doy cuenta de que no tengo absolutamente nada que decir. Entramos en el sector tres. Un kilómetro y cien metros. Le miro, estudio cada gesto suyo, cada detalle de su cuerpo y de la bici. Aún le quedan dos piñones por meter. En realidad uno, el último es sólo por si hay llegada al sprint. Ahora ya va completamente desbocado. La boca abierta, los ojos entornados, los codos abiertos, las manos agarrotadas en torno al manillar, la espalda casi recta, la barbilla en perpendicular con el manillar. Suele decir que se sabe de un ciclista si es buen rodador porque podría circular por la línea blanca que separa los carriles como un funámbulo camina por la cuerda a veinte metros del suelo, sin salirse un milímetro, siempre a la misma velocidad. Él hace rato que habría dado con sus huesos en el suelo si debajo de su rueda hubiese una cuerda.

Cuando llegamos a Hem, el penúltimo sector de pavés de la carrera, quedan siete kilómetros para llegar a meta. La ventaja es de cuarenta y dos segundos. Va a llegar. Ahora lo creo firmemente. Sus perseguidores empiezan a dar las mismas muestras de fatiga que él. Pero además ellos empiezan a desmoralizarse. Sí, le recortan tiempo, pero no con la suficiente celeridad. Y tienen que guardar algo de fuerzas para, en el supuesto de que consigan darle alcance, poder disputar la victoria. No. No le van a coger. Lo sé y una risa histérica se ha apoderado de mí. No le cogen. ¡No le cogen! Bajo la ventanilla. *¡Es tuya, Charlie, es tuya, vamos campeón!* No se vuelve pero sé que me ha escuchado, es imposible que no lo haga a pesar del griterío de la gente.

Cuando salimos de Hem, concluye el tercer acto. La Tragedia está escrita. Sólo queda el Epílogo.

    .   .   .   .   .

Más tarde, en el hotel, por la noche, me contará que vio a Gaul. Sentados en su cama, después de cenar. Nos acabamos de quedar solos.

Le veía, te lo juro, veía a Gaul. ¿Recuerdas una foto que nos enseñó papá? Una del Bondone. En color. Se ve a Gaul con su maillot rojo del Faema, desde detrás. Hay un poco de público y la carretera nevada por delante. Esa es la imagen que me he pasado persiguiendo todo el día. Veía a Gaul. No era como las otras veces. Las otras veces pensaba en Gaul. Hoy te juro que le he visto.

He llorado. En el coche, antes de que todo acabase.

El último kilómetro de la París-Roubaix es un chiste sin gracia. Llegas al Velódromo por una avenida muy ancha. Cada sentido de la avenida tiene dos anchos carriles por los que circular. Por la mitad de la avenida discurre un bulevar, también muy ancho, con un camino pavimentado por el centro. No es como el bosque de Arenberg o el Carrefour de l'Arbre, desde luego. Pero no es asfalto. Cuando va a empezar el último kilómetro, el trazado hace una pequeña S y abandona el asfalto para meterse por ese breve tramo de pavés. Como he dicho, no tiene gracia. Son trescientos metros insoportables. Injustos. Imprescindibles.

Para entonces yo ya no podía verle. Tampoco podía conducir. He parado el coche en el primer lugar en que nos han permitido estacionar y hemos mirado el monitor en silencio. Cuando ha entrado en el Velódromo, el suizo y uno de los belgas aún no habían llegado al último kilómetro. Entonces he escuchado el rugido del público pero no por la tele. El ruido ha entrado por la ventanilla, como el bramido ininteligible de una bestia herida. Y ha sido en ese momento cuando he roto a llorar. *Dios, lo ha hecho, lo ha hecho, ha ganado la París-Roubaix*, he mascullado entre dientes, con la voz quebrada. El mecánico me ha puesto la mano en el cuello y me ha apretado. Creo que él tampoco podía hablar.

¿En qué piensas mientras das esa vuelta en solitario al Velódromo, cuando ya sabes que has ganado pero aún no lo has hecho? Mientras le veía por el monitor del coche, intentaba imaginar que estaría pasando por su cabeza. Luego en el hotel se lo he preguntado, necesitaba saberlo.

No lo sé. Mil cosas. Me he acordado de mil cosas. Eran como flashazos, como destellos de luces distintas que se encadenasen unos a otros. Me he visto a mí mismo, entrenando todo el invierno. Me he acordado del día del Alpe. De otros muchos días igual de malos y de muchos otros casi tan buenos como éste. Nos he visto a los dos, a ti a y a mí, entrenando, hace mil años. Me he acordado de la primera vez que vinimos aquí como aficionados. He pensado en mamá. Y he intentado imaginar que estaría pensando papá. He pensado muchísimo en papá. Y en ti, todo el tiempo. Y he pensado en Charly Gaul, claro.

Mira para atrás, no viene nadie, lo sabe, pero necesita asegurarse. Se vuelve al frente y ve la línea de meta. Se yergue sobre la bici soltando el manillar. Sonríe. Extiende los brazos en cruz con las palmas de las manos abiertas hacia arriba para recibir el calor de una ovación que tiene mucho de agradecimiento. El belga era el ídolo y favorito de la mayoría de esta gente pero el público del ciclismo reconoce como ningún otro los méritos del rival y agradecen por encima de cualquier otra consideración el esfuerzo homérico de cada uno de ellos con la admiración que merece quien desafía los límites de lo racional y lo humano para probar y probarnos que, simplemente, se podía.

Se lleva las manos a la cara y echa la cabeza hacia atrás. Así cruza la meta y esa es la última imagen que veo. Salgo del coche corriendo.

No me podía creer lo que estaba sucediendo. Mi hermano estaba ganando la París-Roubaix y yo no sabía qué hacer con mi cuerpo, no sabía que sentir. Quería llorar y a la vez reírme a carcajadas. Quería subirme por las gradas y besar uno a uno a todos los espectadores. Me hubiera tirado al suelo del Velódromo y habría deseado que mi vida se acabase en ese momento. Con una sonrisa de oreja a oreja, como una víctima cualquiera del *Joker*.

Cuando llego hasta él, no hace ni diez minutos que ha cruzado la meta. Le veo sentado en un banco, cubierto de barro de pies a cabeza, el pelo húmedo y alborotado, los brazos blancos después de quitarse los manguitos. Uno de los asistentes está frente a él, de pie. Le da una bebida energética y un beso en la cabeza. *¡Campeón!* Le grita abrazándole con un solo brazo.

Entonces se vuelve y me ve. Sonríe. Me acerco y me arrodillo frente a él. El asistente nos deja solos. Le cojo la cara con las manos pero no sé qué decirle. Me mira sonriendo, nervioso. Le abrazo y él a mí. *Como Charly Gaul. Como el jodido Charly Gaul*, le susurro al oído. Y es entonces cuando rompe a llorar. Con su rostro en mi hombro, empieza a llorar desconsoladamente. No es un llanto contenido y discreto que pretenda disimular. Es el llanto del que llora por una vida entera y eso no significa necesariamente que sea por lo malo que le haya podido suceder. Llora por la vida misma, por toda ella, lo bueno y lo malo, y por todo lo que no es ni una cosa ni la otra.

Lloraba porque a veces nos pasan cosas tan intensas, tan grandes, que no nos caben dentro. Eso fue lo que me dijo.

EL ÚLTIMO CUENTO

Llevaba un rato jugando con la arena. Cogía un puñado, levantaba el brazo y dejaba que los minúsculos granos se escurriesen entre sus dedos. Cuando la mano se vaciaba, volvía a empezar. Apenas cinco metros delante de ella, el Atlántico se empeñaba, sin éxito y al mismo tiempo sin desmayo, en adentrarse en Portugal.

Una inesperada ola le mojó los dedos de los pies y eso interrumpió el juego como la sirena que marca el final del recreo interrumpe las carreras por el patio del colegio. Durante un par de minutos espero que otra ola llegase hasta ella pero luego se dio cuenta de que estaba demasiado lejos del agua para eso, así que volvió sus ojos a la arena nuevamente y se miró la palma de la mano vacía.

Vicky estaba sola, sentada frente al mar, cuando por fin admitió que lo más seguro es que no volviese a ver nunca a Alberto. Por eso estaba llorando. Y por eso dejó de jugar con la arena.

.   .   .   .   .

"No sólo escribo cuentos. También los habito".

Alberto Martín, sentado frente a Vicky Gómez, se empeñaba en parecer más interesante e ingenioso que nunca pero era sólo porque estaba tan nervioso que apenas lograba controlar el timbre de su voz y el temblor de sus manos.

"¿Y dónde estabas en el cuento de hoy?".

Vicky, que en ese momento estaba convencida de haber cometido la mayor locura de sus veintisiete años de vida sin que por ello creyese que se había equivocado lo más mínimo, trataba de resultar extremadamente perspicaz pero sólo porque estaba convencida de que Alberto era mucho más brillante y lúcido que ella.

No hacía ni una hora que Alberto y Vicky se conocían. Él leía sus cuentos en un programa de radio tres veces por semana. Ella solía grabarlos para luego escucharlos una y otra vez, hasta ser capaz de recitar algunos fragmentos de memoria. Sus relatos favoritos los transcribía en el ordenador y los imprimía para poder leerlos una y otra vez. Esa noche, después de que Alberto leyese su cuento en antena, Vicky por fin reunió el arrojo necesario para vencer su perenne timidez y dejarse llevar por ese impulso que en los últimos días tanto le había costado reprimir, hasta tal punto que había acabado convirtiéndose para ella en una especie de tortura.

Con el punto extra de locura que se requiere para que lo extraordinario llegue a tener lugar, con la determinación necesaria para atreverse a dar un salto al vacío, descolgó el teléfono, llamó a la emisora y pidió que le pasaran con

Alberto. En ese instante descubrió que habría sido capaz de llegar aún más lejos. Sin embargo, no hizo falta.

"¿Por qué esta noche? ¿Por qué con este cuento?" Y aunque en sus mejores y delirantes sueños de escritor siempre hubo excepcionales mujeres conmovidas, rendidas a sus pies, desproporcionados elogios de sus colegas de profesión, una fugaz pero deslumbrante incursión en el mundo del cine y una apacible vejez en la que sería considerado uno de los grandes sabios de la nación, lo cierto es que Alberto nunca había perdido la perspectiva del mundo real, y por ello todo lo que sucedía dentro de él le resultaba cada vez más inexplicable. Así que al principio no pudo entender que Vicky llegase a sentir tal devoción por sus cuentos que tuviese la necesidad irrefrenable de citarle quince minutos después de que acabase el programa en una cafetería de la Gran Vía.

"No lo sé. ¿Por qué has leído ese cuento tan corto esta noche?" Vicky se refería a "*El nadador*", una historia acotada únicamente por tres escuetas frases, con el final colgado justamente detrás de la última palabra del inicio: *Se echó al mar sin pensar y justo cuando pensaba que se iba a ahogar, se convirtió en delfín.*

"Ayer murió Augusto Monterroso. ¿Conoces a Augusto Monterroso? –Vicky negó con la cabeza –Escribió el que está considerado el cuento más breve de la historia: *Cuando despertó, el dinosaurio aún estaba allí.* Yo sólo quería hacerle un pequeño homenaje".

"Me parece que me gusta más el tuyo. Es muy sugerente. Yo he creído muchas veces que estaba a punto de ahogarme y luego descubría que me había convertido en delfín". Alberto no estaba acostumbrado a recibir ese tipo de halagos de nadie y quizá por eso decidió que la única salida honesta que le quedaba ya, a esas alturas, era enamorarse de Vicky. El problema llegó un segundo después cuando descubrió que si ella no se enamoraba de él, era muy posible que tuviese que dejar de escribir para siempre. Aunque aún no tenía muy claro que podían tener que ver una cosa con la otra.

"Después de tanto tiempo escuchándote por la radio no puedo creer que ahora esté sentada frente a ti". Alberto se ruborizó como un niño que llega tarde el primer día de clase, hasta el punto de tener que apartar la mirada. "Yo lo que no puedo creer es que hasta hace una hora no supiese que existías y aún así, me pareciese que todo estaba bien". Lógicamente, esto último sólo lo pensó porque entre los muchos motivos que le empujaban a vivir dentro de sus cuentos, estaba el de que Alberto sólo fuese capaz de decir ciertas cosas si lo hacía escribiendo.

.   .   .   .   .

En Lisboa, perdida entre sus calles en cuesta, respirando el olor de un mar de siglos en las paredes de sus casas y en el aire de sus plazas, Vicky sólo es capaz de recordar una canción de Pasión Vega que, paradójicamente, se titula *Lejos de Lisboa.*

Y aunque no le queda más remedio que admitir que es una ciudad extrañamente bonita, desearía estar en cualquier otro sitio, sintiendo cualquier otro tipo de melancolía. El problema es que a esas alturas de la historia sólo puede estar en Lisboa. Aunque estuviese en el otro extremo del mundo, también estaría en Lisboa.

La gran ventaja y puede que al mismo tiempo el mayor inconveniente de Lisboa es que se trata tanto de una ciudad como de un estado de ánimo y por eso, una vez que se ha visitado, le acompaña a uno allá donde quiera que vaya. Vicky tuvo que viajar a Lisboa sin lo único que de verdad hubiese deseado llevar y a partir de ese momento, esa ausencia sería todo lo que podría conservar de Lisboa.

.   .   .   .   .

Se besaron por vez primera en la puerta de un autobús que ninguno de los dos llegó a coger.

Luego sus besos y sus caricias vieron pasar muchos más autobuses. En todos ellos, viajeros que subieron y viajeros que bajaron ignorantes del momento tan extraordinario al que estaban asistiendo, el momento en el que el amor más grande e intenso que jamás nadie pudo experimentar en toda la historia de la humanidad quedaba sellado por dos lenguas unidas y dos cuerpos cómplices. Se les hizo de día y luego pasaron muchas más noches. Pasaron estaciones de tren, dos inviernos y un verano, algunas canciones, París, Gijón y Roma, carreteras que nunca llevaban a Lisboa, marcas de cerveza, tiendas de ropa y la mayoría de sus mejores amigos. Se depositaron allá por donde pasaron con la firme esperanza de encontrar mudos testigos de su amor, observadores pasivos que, llegado el momento, certificasen que todo aquello había sucedido realmente, que no había nada dentro de sus recuerdos que no hubiese estado al mismo tiempo fuera de ellos.

Poco a poco también fueron llegando las demás cosas. El sexo. Las risas. La complicidad. La necesidad del otro. Y finalmente, cuando cualquier otra cosa hubiese resultado absurda, apareció el Amor. Es fácil imaginar que a partir de ese momento, ninguno de los dos tuviese la menor intención de resistirse a dejarse llevar por la apacible y arrebatadora felicidad de entregarse al otro de una forma absoluta, sin reservas, sin temores de ninguna clase. Es fácil imaginarlos viviendo el deslumbrante presente en el que se encontraban inmersos y al mismo tiempo, recreándose con el embriagante aroma de un prometedor futuro repleto de un millón de las mismas sensaciones. Tampoco resulta extraño creer que, con el mismo entusiasmo con el que saludaban las victorias que aún no habían conquistado, dejaban atrás un buen puñado de derrotas pasadas cuyo escaso valor habría de marcar el ínfimo peso de su importancia. Su Amor, como los ríos crecidos, como las tormentas tropicales, o como el peso de la historia, se lo llevó todo por delante hasta que sólo quedaron Ellos y durante el tiempo que duró todo esto, ni Vicky ni Alberto podían creer que hubiese algo en el mundo que pudiesen llegar a necesitar que no fuesen el uno al otro.

.   .   .   .   .

Sentada al volante de un coche alquilado, Vicky se escapó de Madrid a la velocidad a la que se retira una mano cuando se siente la proximidad del fuego. La huida de Vicky tuvo más de acto reflejo que de gesto desesperado. Y quizá por eso no supo a dónde se dirigía hasta que comprendió que no podía haber ido a otro sitio. Que, a pesar de todo, sólo en Lisboa podía acercarse a algo parecido a una respuesta. Y si no, al menos conseguir una especie de doloroso consuelo a su desconcertante tristeza.

"Cuando esté seguro de que me querrás siempre, iremos a Lisboa". Alberto solía vivir con un ojo puesto en el pasado, por el que sentía el mismo tipo de aterrador respeto que un campesino por el Rey de sus tierras en plena Edad Media. Alberto solía creer que todo lo que se quedaba atrás lo hacía con la firme convicción de perseguirle el resto de su vida. Alberto solía ver en el futuro únicamente el lugar de destino de su huida.

"¿Y ahora por qué no?". "Porque es demasiado pronto. Lisboa es melancolía y tristeza y no quiero que nadie que no seamos nosotros esté allí. No quiero que nos acompañe nadie de nuestro pasado. Sólo iré a Lisboa contigo cuando sepa que vamos nosotros solos a construirnos nuestra nostalgia del futuro. Iremos a Lisboa cuando esté convencido de que volveremos una segunda vez".

Por eso, cuando Vicky quiso hacer algo parecido a una evaluación sobre cuál sería el mejor lugar para esconderse del mundo, se dio cuenta que ya estaba llegando a Lisboa. Estaba más cerca de Lisboa que de cualquier otro sitio. Y también estaba más cerca de Lisboa de lo que nunca antes había estado.

.   .   .   .   .

Por supuesto que también estaban el misterio y la curiosidad.

Durante las primeras semanas, cada vez que Vicky hablaba con Alberto, sentía que había despertado en una ciudad nueva y completamente desconocida. Luego Alberto le enseñaba algunos de los mejores secretos de aquellos lugares de los que, sin embargo, salían apresuradamente, como fugitivos desenmascarados y sin que Vicky lograse familiarizarse a tiempo con ninguno de ellos. Más tarde, cuando estaba sola de nuevo, volvía constantemente a esos pequeños y recónditos recovecos que Alberto sólo le había permitido intuir. Volvía a ellos dispuesta a comprenderlos, a habitarlos de forma definitiva para que cuando Alberto quisiese llevarla nuevamente, ella ya estuviese ahí. Alberto era un enigma para Vicky, un signo de interrogación del tamaño de un ser humano, colocado al final de una frase incompleta. Y la curiosidad de Vicky era tan grande como el cráter de un volcán.

Para Alberto, el hecho de que Vicky quisiera hablar con él después de la primera vez, ya resultaba absolutamente desconcertante. Al margen, por supuesto, de un fenómeno realmente novedoso. Y no es que Alberto no hubiese logrado nunca atravesar el enrevesado y correoso

204

muro del corazón de una chica. Lo que sucedía es que eso nunca había ocurrido con alguna mujer por la que Alberto se sintiese capaz de experimentar algo más que compasión. Así que cuando Vicky le besó delante del autobús y cuando luego le volvió a besar en la puerta de su casa y mucho más tarde, cuando hicieron el amor, y después cuando por primera vez le dijo que le quería y finalmente cuando decidieron irse a vivir juntos, cuando todo esto sucedió, Alberto tuvo que enfrentarse en todos y cada uno de esos momentos a la perplejidad que estos extraordinarios sucesos le causaban.

"Si alguna vez he lamentado mi suerte, si alguna vez he proferido una queja por la forma en que me sonreía la fortuna, éste es el momento exacto para agachar la cabeza con humildad, pedir perdón y dar las gracias las veces que haga falta. Y, por supuesto, rogar que esta increíble sensación, que esta maravillosa y al mismo tiempo imprecisa emoción, jamás desaparezca". Alberto se sentía tan afortunado que habría estrechado la mano de un millón de hombres si alguien le hubiese garantizado que todos y cada uno de ellos habían intervenido de forma directa o indirecta en el hecho de que Vicky apareciese en su vida.

·　　·　　·　　·　　·

Lo peor de todo no era que Alberto se hubiese marchado. Aún reconociendo que éste es motivo más que suficiente para que cualquier corazón se entregue al desconsuelo más absoluto, el verdadero sufrimiento vino provocado por el hecho de que Vicky no fuese capaz siquiera de intuir cual era la causa por la que él había llegado a tomar aquella inesperada decisión, el motivo por el que había dado ese repentino volantazo y se había salido de la carretera.

Manejando con verdadera maestría el manual del perfecto fugitivo, Alberto no dio ningún tipo de explicación. Simplemente, Vicky llegó a casa una noche y la mayoría de las cosas de Alberto habían desaparecido con él. Sólo en la encimera de la cocina había una nota y aunque le extrañó encontrarla allí, nunca se llegó a preguntar porque precisamente la cocina. Por qué no en la televisión, en la mesa del dormitorio o sobre la almohada. Quedó expuesta en ese momento a tanto dolor que la curiosidad salió de su cuerpo como un amigo discreto aparece y desaparece en los peores momentos, sin hacer el menor ruido, sin dejar la más ligera señal de su paso. En su cabeza sólo quedó espacio para una pregunta: "¿por qué?"

"Lo siento pero esto era ya insostenible". Una explicación demasiado imprecisa y definitivamente desproporcionada al tamaño del suceso. Y por eso Vicky pasó semanas preguntándose qué demonios sería *esto* y el porqué a Alberto le resultaba tan insostenible. Luego, cuando comprendió que jamás descubriría lo que resultaba tan insoportable para Alberto la pregunta dejó de tener sentido y fue entonces cuando llegó el verdadero dolor. El dolor absoluto de la pérdida inexplicable. El dolor de mirarse las palmas de las manos vacías.

Una de las primeras cosas que Alberto oyó en boca de Vicky fue "no soporto la mentira". Alberto nunca mintió a Vicky. En realidad nunca mentía a nadie pero había en ello más pereza que determinación. Mantener una mentira le parecía mucho más agotador que afrontar una verdad. Sin embargo a Vicky sí le prometió no mentirle nunca.

"Nunca te diré nada que no sea verdad". Y Vicky se lo creyó y confió, aunque nunca supo muy bien el porqué. Puede que influyese el hecho de que, cuando hizo alguna pregunta inoportuna, él se limitaba contestar "a eso no te responderé aún". Y con esa sutil y al mismo tiempo involuntaria destreza, Alberto construyó pequeños rincones repletos de misterio que a Vicky le atraían tanto como las más brillantes luces que pudiesen rodear a Alberto.

Pero un hombre diseña un castillo y sin embargo, sin faltarle entusiasmo ni energías, lo que termina construyendo es un laberinto y, por si fuera poco, edifica de fuera hacia dentro y cuando pone la última piedra se da cuenta de que se ha encarcelado a sí mismo y todo esto vale para explicar el motivo por el que Alberto hubiese deseado no haberle prometido a Vicky no mentirle nunca. Porque, cuando ella intuyó que las cosas se estaban torciendo en miles de direcciones distintas y todas ellas imprevisibles y quizá por eso mismo, preocupantes, cuando esto sucedió, sólo pudo preguntar: "¿Te pasa algo?". Y quizá no haya una pregunta más sencilla ni una respuesta más complicada para un hombre porque para contestarla Alberto tuvo que elegir entre mentir y convertirse en alguien detestable a sus propios ojos o desviarse de la verdad sin recurrir por ello al embuste, aunque claro, en esta segunda opción tenía que ser extraordinariamente cuidadoso si no quería dejar ninguna sombra de duda en Vicky.

"Son los cuentos. Hace tiempo que no consigo escribir una sola frase". Para ella fue suficiente. Y puede que para él también. No había mentido pero había evitado con auténtica gracia el tortuoso y sufrido camino de la verdad. Lo malo fue que unos segundos después de formular su explicación, ésta le llevo directamente a comprender cuál era la única solución posible. Y sobre este aspecto ya se ha dicho casi todo lo que había que decir.

.   .   .   .   .

Por qué mentir.

A estas alturas de la historia nadie se va a escandalizar al enterarse de que, mientras guardaba sus objetos más preciados en dos maletas duras y correosas como un vendedor ambulante, Alberto derramó millones de lágrimas de desesperación y tristeza y, por qué no reconocerlo también, flirteó con la posibilidad del suicidio. Aunque esto último conviene aclarar desde ya que nunca fue contemplado como una posibilidad excesivamente real. Era más bien una salida romántica, un final dramáticamente literario para una vida de cuento. El que, con casi toda seguridad, le habría aguardado si sólo hubiese sido el protagonista de uno de sus cuentos.

Alberto Martín, escritor de cuentos en crisis, había descubierto aterrado que cada segundo que permaneciese junto a Vicky Gómez, la única persona que había decidido vivir dentro de sus cuentos junto a él, sería un segundo más sin ser capaz de escribir una sola palabra. Estaba absolutamente convencido desde hacía tiempo de que, si en un futuro alguien se tomase la molestia de analizar cuidadosamente su obra, extraería como conclusión principal que en todos y cada uno de sus cuentos latía un profundo y descorazonador pesimismo, una especie de dolorosa frustración; justo los sentimientos que Vicky había barrido de su lado con su incomparable predisposición para la felicidad. La propia y la ajena.

Es muy posible que estuviese equivocado pero nadie en el mundo podría haber convencido a Alberto de que precisamente sus cuentos no eran el único motivo por el que Vicky estaba junto a él. De que el amor que ella sentía se podía sostener indefinidamente sin una sola palabra escrita. Para Alberto la realidad era mucho más aterradora que todo eso y convenía enfrentarse a ella con firmeza. Y hacerlo cuanto antes. Tener la certeza de que iba a perderla era un dolor sólo superado por la propia perdida.

. . . . .

Raquel cubre la distancia que separa el hotel de la playa en un tiempo récord. Si tuviese ojos en la nuca podría ver a la gente volverse a mirarla como se miran todas las cosas imposibles. Correr por Cascais es tan extraño como silbar en Madrid o gritar en Berlín.

Vicky ya no llora cuando Raquel llega con un gran paquete que tiene su nombre escrito en uno de los lados. Pero aún piensa en Alberto porque al fin y al cabo, y aunque haya tardado un par de días en asumirlo, ese es el único motivo por el que está en Lisboa.

Luego Raquel mide sus palabras con la prudencia de un cirujano antes de una operación a vida o muerte. Es muy posible que haya sido el mismo Alberto, en persona, quien haya entregado el sobre en la consigna del hotel y aunque no es la tarea más ardua que haya afrontado en su vida, Raquel tiene la sensación de haber derrotado a un auténtico gigante cuando consigue que las palabras salgan de su boca.

Vicky mira a su alrededor aturdida, como si de repente se sintiese observada por mil ojos. Luego, por tercera vez en dos minutos, vuelve a leer la nota que acompaña al paquete.

"Aquí tienes todo lo que he sido y probablemente lo que seré. Ya no puedo darte más. Hasta siempre y gracias por haberme comprendido". Vicky intuye lo que se va a encontrar cuando abra la caja que va dentro del paquete, pero no por eso logra evitar que se le escape un pequeño gritito de emoción cuando retira la tapa.

Vicky se incorpora y sin dejar de mirar el mar, rodea la caja con sus brazos y tiene la certeza de que todo lo que Alberto ha sido capaz de dejarle pesa lo mismo que un niño recién nacido.

ÍNDICE

www.ingramcontent.com/pod-product-compliance
Lightning Source LLC
LaVergne TN
LVHW010325200726
843507LV00010B/1363